U0904183

# 太虚人间佛教伦理思想研究

孙永艳　著

宗教文化出版社

**图书在版编目（CIP）数据**

太虚人间佛教伦理思想研究 / 孙永艳著 .
-- 北京 : 宗教文化出版社 , 2023.12
ISBN 978-7-5188-1552-4

Ⅰ . ①太… Ⅱ . ①孙… Ⅲ . ①佛教—人生哲学—通俗读物
Ⅳ . ① B948-49

中国国家版本馆 CIP 数据核字 (2024) 第 014118 号

**太虚人间佛教伦理思想研究**

孙永艳 著

---

**出版发行：** 宗教文化出版社
**地　　址：** 北京市西城区后海北沿 44 号（100009）
**电　　话：** 64095215（发行部）64095234（编辑部）
**责任编辑：** 卫　菲
**版式设计：** 张尹君
**印　　刷：** 河北信瑞彩印刷有限公司

**版本记录：** 880 毫米 ×1230 毫米　32 开　8.5 印张　250 千字
2024 年 3 月第 1 版　2024 年 3 月第 1 次印刷
**书　　号：** ISBN 978-7-5188-1552-4
**定　　价：** 145.00 元

---

# 目录

# 引　论[①]

太虚所开启的人间佛教运动，推动了传统佛教的现代转型。近些年来，关注太虚人间佛教的学者越来越多，有关太虚思想研究成果也日益丰富。这些研究成果既有对太虚原著的整理，也有建立在原著研究基础上的专著与理论文章，而且研究的范围、视角也日益广泛，研究层次也不断深化。其中，与太虚人间佛教伦理思想相关的研究成果主要包括：

印顺法师主持编纂完成的《太虚大师全书》将其有关道德思想的著作归类整理到论藏第十三编《真现实论·宗用论》05 道德部分。郭朋教授《太虚思想研究》（中国社会科学出版社，1997 年）中用专章对太虚道德思想进行概括、表述。董群教授对太虚道德思想进行深入探讨，发表了一系列相关论文，如：《直依人生增进成佛——太虚人生佛教的伦理观》（《中国宗教》2008 年第 3 期）阐述了伦理道德对于人生佛教的意义、人生佛

① 本书系江苏高校哲学社会科学重点课题“现代性视角下的太虚人间佛教伦理研究”（2017ZDIXM077）研究成果。

教美德规范、人生佛教组织伦理；《太虚大师的佛教慈善观研究》（2011 年 10 月 18 日，第十届“觉群文化周”会议论文）从三个方面详细阐述了太虚法师的佛教慈善观；《人间佛教的公民道德观——以太虚法师为中心》（2013 年 10 月“人间佛教　继往开来”第二届中华佛教宗风论坛会议论文）阐述了太虚公民道德的基本精神、具体形式和行为规范。

此外，随着人间佛教的实际推进以及理论研究的进一步深入，研究者开始较多地关注当代弘扬人间佛教的现实意义及其社会功能。大陆学者所关注的重点大多落实于当代伦理世界之重建、生态环境保护、和谐社会建设等方面。研究者大多肯定人间佛教的实践对改善社会环境、提升民众道德水平具有积极作用。同时研究者还将人间佛教作为中国传统佛教的现代转型，在现代化语境中谈论佛教伦理的现代社会功能、“人间佛教”在实践上对现代伦理价值之重建的可能贡献等。“在港台地区，人间佛教的理论从早期的社会适应层面，已经提升到社会关怀和社会批判层面。”①

太虚人间佛教伦理思想受到越来越多的关注，取得了一定的理论成果，但在运用伦理学研究方法对太虚人间佛教伦理思想进行系统研究方面仍有较大空间，而此项研究又具有重要的理论与现实意义。基于此，本书侧重从伦理学角度，探讨太虚人间佛教如何确立道德上的应当、怎样的道德应当及如何实现，厘清太虚

① 王雷泉：《面向 21 世纪的中国佛教》，《世界宗教研究》，2000 年第 2 期，第 124 页。

人间佛教伦理建构的理路，梳理太虚人间佛教伦理思想体系。以往学界对太虚道德思想多从佛学角度探讨，本书还着重探讨了太虚有关世俗道德建设根本问题的理论及其对当代社会道德建设的借鉴作用。

太虚人间佛教思想具有鲜明的伦理特质，是对根源于佛陀本怀的伦理精神的继承与彰显，又是适应现代社会、关怀现代社会、净化现代社会的积极转换。因此，对太虚人间佛教伦理思想系统研究有助于深化太虚人间佛教思想研究，有助于深化佛教的现代转型研究，有助于佛教、特别是人间佛教的道德哲学理论深层次研究。

在本书的选题和探讨中，作者基于以下认识：

第一，从一定意义上，伦理学是规范科学，即从标准和观念的角度评判人的行为与品格，确定善的至上源泉、终极标准、理想境界、具体规范及路径。本书拟从伦理学角度，运用伦理学方法逐一研究太虚人间佛教的道德形上学、道德规范、道德境界、应用伦理等，梳理太虚人间佛教伦理思想体系。

第二，太虚人间佛教思想是佛教思想发展史的有机构成部分，是对佛教伦理精神的彰显与现代开创。因此，本项研究从思想、逻辑和社会历史相结合的角度将太虚人间佛教伦理思想融入佛教伦理思想发展史进行探讨研究，探究太虚人间佛教伦理思想发展脉络。

第三，本文将忠实于太虚的著作及相关的历史资料，通过对相关文献进行研读和分析，找出太虚人间佛教伦理思想的发展脉络、构建体系及基本理论。

第四，辩证分析的研究方法。对太虚人间佛教伦理思想建构中的传统与现代、教内与教外、世俗与超越等各种关系模式进行客观辩证分析。

第五，不是从抽象的概念、观念出发，而是从现实的社会和人出发，将太虚人间佛教伦理思想放在历史长河之中特别是当时的历史情境中来进行考察。

第六，本书拟将太虚人间佛教伦理思想与佛教传统伦理思想进行对比研究，从而呈现出太虚人间佛教伦理思想全貌。

本书在中国近代社会转型大背景下系统探讨太虚人间佛教伦理思想，试图解决四个方面的问题：

第一，全面呈现太虚人间佛教伦理思想的整体面貌。在简要概括法师人间佛教思想的基础上，逐一研究其中的道德形上学、道德规范、道德境界、应用伦理等，梳理太虚人间佛教伦理思想体系。这是本书研究的重心所在，也是进一步探讨太虚人间佛教伦理思想对佛教伦理思想的继承与开创，对当代佛教伦理建设积极作用的基础。

第二，探究太虚人间佛教伦理思想对传统的继承与现代开创。某种程度上，以实现佛教人生化、人间化、现代化为主旨的太虚人间佛教运动，是佛教对传统向现代转型的特定时代的应对。法师将佛教兴亡与民族、国家的兴亡合一，立足佛教立场，继承佛教圆融精神，融摄佛教大小乘世出世法，促进佛教的与时俱进，并试图以佛教救世救心，奠定了佛教现代转型的基调。因此，本项研究以纵横交错的方式，将太虚人间佛教伦理思想放在历史长河之中特别是当时的历史情境中来进行考察，纵向从思想、逻辑和社会历史相结合的角度将太虚人间佛教伦理思想融入佛教伦理思想发展史进行探讨研究，横向从当时具体历史情境特别是近代社会现代化的背景来定位分析。也就是，在现代转型大背景下，以佛教伦理思想发展历程为参照，探寻太虚人间佛教伦理精神的本源，及其如何契应时代生发出新的元素，进行现代开创。

第三，探究太虚人间佛教伦理思想建构得失及当代意义。由太虚所开创的人间佛教已成为中国当代佛教主流，弘扬人间佛教的各教团，都从某一角度、某一方面将太虚人间佛教的想法落到实处，一定程度也修证太虚人间佛教思想的不切实际处。本文梳理了后继者对人间佛教的继承与发展、矫正，进一步探讨太虚所开创的人间佛教伦理趋向、伦理建构理路、伦理思想及道德建设经验的得失及当代意义。

第四，提示太虚人间佛教道德哲学对于社会道德建设的可能作用。法师把佛教作为中国固有文化，放在中国近代社会转型的大背景下，注重佛教的革新与现代转型，注重佛教的振兴与救世救心合一。法师既是佛教界名僧又是公共知识分子，立足佛教立场，对公共社会问题，尤其是文化道德的根本问题，都作出积极回应，深入思考，系统解答。本书梳理法师所关涉的伦理道德问题及独到、智慧的思考，进一步探讨他独特道德哲学对当代佛教伦理建设的重要意义。

要研究太虚人间佛教伦理思想，就必须对太虚人间佛教思想的产生原因及其主旨有基本的了解。因此在正式讨论之前，我们有必要简要梳理一下人间佛教缘起及其思想体系。

## 一、人间佛教的缘起

### （一）新学和革命思想的侵入

太虚法师（1890–1947），生逢乱世，出身贫寒，年少即丧双亲，与外婆相依为命，受外婆虔信佛道的影响，心中播下佛种。动荡的时代、凄苦的身世也触发了他关注现实、关注人生，希望借助佛法解救众生、解救世间的信仰追求。“这也或者是我适宜于开创反贵族的人民佛教，和反鬼神的人生佛教的一个因素。”①

16 岁时，在苏州木渎小九华寺从僧人士达剃度出家，法名唯心。出家当年九、十月间，士达带法师到宁波镇海玉皇殿拜见师祖奘年法师，奘年又为其取法号太虚。十一月间，奘年带太虚往宁波天童寺，从名僧寄禅受大戒。十二月间，寄禅介绍太虚去宁波江东永礼禅院，依止水月法师读经，一两年中，受学《法华》《楞严》等经。此外，太虚还听道阶法师讲《法华》《楞严》及相宗八要兼及贤首五教仪，听谛闲法师讲天台四教仪。其后太虚进住天童寺禅堂，聆听寄禅开示，过集体禅修生活，并在圆瑛推荐下到西华寺阅藏。

①《太虚大师全集》第十九编《文丛·自传·生长在农工到商读的乡镇》。（本书中所选用的《太虚大师全集》皆为台湾印顺文教基金会版，2008 年 2 月，下同）

1908 年春，太虚在西华寺阅藏期间遇到华山——一位革新派僧人，他向太虚陈说中国及世界发展的新趋势，指出佛教唯有速革流弊、振兴僧学才能生存发展。法师起初对华山的这些观点不以为然，并与其展开激烈而广泛的争辩。后也对华山新奇言论产生好奇，借阅他所带的各种新学书籍，尤其对谭嗣同《仁学》爱不释手。所谓新学就是在近代中西文化交汇的背景下，会通中国本土文化介绍西方现代文化，会通西方现代文化重新诠释中国传统文化，进而形成的即西即中新学术、新文化。康有为、谭嗣同、梁启超、章太炎等新学家在中国传统中重新翻捡出应有的精神力量作为政治改良斗争的武器和依托，并对大乘佛教大力推崇且作出极具时代特色的阐发。正是受到新学思潮的浸染、激发，法师萌发了以佛学入世救世的弘愿热心，走上回真向俗的途径。

1908 年夏，太虚在平望小九华遇到栖云，他不仅是位革新僧人，而且是位革命者，加入同盟会，积极投身革命。太虚从栖云处借阅了《民报》《三民主义》《革命军》等革命书籍，并通过他接触了形形色色的革命派。太虚深受革命思想影响，深感中国政治革命后，中国的佛教也必须经过革命，但他的佛法救世立场始终未变。

从这段经历可见，太虚法师多有善缘，亲近诸多高僧大德，并深受器重；法师初期出家生活是传统的，受戒参禅、学习经教，曾经很享受法喜禅悦的修行生活。后来法师通过华山、栖云等新派僧人而深受新学与革命思想的影响，进而走上革新佛教、振兴佛教的道路。这也奠定了他佛教革新的基本理路：把佛教作为中国固有文化，放在中国近代社会转型的大背景下，注重佛教的革新与社会现代转型合一，注重佛教的振兴与民族乃至世界的救治合一。但是，太虚倡导人间佛教，以佛学为本位，在复兴佛教同时以佛教信仰融摄世法。而当时的新学家们，往往不是佛教徒，也不关注佛教的兴亡，只是希望借助佛学鼓筑心力，融合佛学建构自己的新学思想。

**（二）杨文会复兴佛教的感召**

杨文会，近代佛教开风气之先者，他遵循传统文化反思之路，融通西学，重新解说、发展佛学，推动传统佛教向现代佛教转化。为推行复兴佛教的宏愿，杨文会在许多方面做了早期尝试，给后世带来深远影响。他设立金陵刻经处，从海外收集佛教古籍，刊刻佛经，促进佛经流通。他的刻经处刻印了上百万卷的佛学书籍。

> 先是，杨居士曾随使节出赴英、日广交各国佛学人士，与曾译汉文大藏经目成英文之日人南条文雄，交尤莫逆。后居金陵，专事刻印流通佛经，乃从日本搜回我隋、唐古德多数遗著弘布之，故为当时国内外佛学界所宗奉。①

不同于其他被动应对庙产兴学、模仿普通学堂而兴建的僧学堂，他设立的祇洹精舍是以复兴正信佛教、传布佛法于世界为宗旨的新式学堂，诸宗并弘，内外兼修（既修学佛学也兼修世俗学问），他的门徒中涌现了一大批在下一代中有领袖性的僧人和居

---

①《太虚大师全集》第十九编《文丛·史传·三十年来之中国佛教》。

士，太虚即其中之一。

> 据我所知，当时佛教或僧徒的办学，全系借办学以保持寺产，并无教育佛教人才以昌明佛法的意图，所以办的学校亦是模仿普通的学校。但杨老居士的设祇洹精舍，则与摩诃菩提会达摩波罗相约以复兴印度佛教及传佛典于西洋为宗旨，内容的学科是佛学、汉文、英文，我一生做半新式学堂的学生只是这半年。①

> 且参预祇洹精舍诸缁素，若欧阳渐、梅光羲、释仁山、智光等，多为现今佛教中重要分子，而笔者亦其中之一人也。②

杨文会是近代佛教复兴中传统佛教向现代佛教转化的中流砥柱，具有承上启下的作用。他继承、发扬了道、咸年间龚、魏等有识之士提倡经世致用、以佛法求世法的遗风，以救济时艰为目的，重新阐释和评价佛学，发掘它的社会价值和现实意义。同时由于社会危机的加剧和西学影响的加深，他的思想又有所创新。如他以佛教为本位重新解说儒道及儒道释关系，并以佛学会通西学，发展佛学，推行西学等。“他是第一个到欧洲了解欧洲的科技发明，并把佛教作为一个世界性宗教放在科学至上的世界中加以考察的中国佛教徒。”③他以《起信论》核心思想“真如缘起”“一心二门”“真妄和合之阿赖耶识觉与不觉”（心是世界的本体，

①《太虚大师全集》第十九编《文丛·自传·学生教员与法师方丈》。
②《太虚大师全集》第十九编《文丛·史传·三十年来之中国佛教》。
③[美]霍姆斯·维慈著，王雷泉、包胜勇、林倩等译：《中国佛教的复兴》，上海古籍出版社，2007年，第9页。

也是众生成佛的根据。心分二门，心真如门和心生灭门。心真如门，即显示心是宇宙万有的本体，超言绝相，不生不灭，不垢不净。心生灭门，显示心变现世出世一切生灭现象，是真如本体的相和用，是相对的、有差别的。虽然一切现象随任无明妄念生起，而真如本体寂然不动。真如本体虽寂然不动，但是一切现象生灭不停。真如不碍生灭，生灭不碍真如。不生灭的真如与生灭的无明和合叫做阿赖耶识。阿赖耶识具有觉与不觉的两面。本质上，一切众生自性本净，自性本觉）融摄性相（法性与法相，本质与现象）、禅教（禅，佛内心的意象；教，佛言说的教义），统摄诸宗。他归心净土，认为净土普摄群机，是诸宗所导归的终极理想，是末法时代简易修行法门。他将体悟佛理、转妄成真、归心净土的佛教理想与救世救心的社会理想合一。他转妄成真、恢复本性的思想也推动、启发了法相唯识学的研习，为后人转化意识、会通西学提供了桥梁。[①] 太虚开启佛教革新运动，倡导人间佛教，以大乘佛教为本位融摄（融合摄受）大小乘、世出世法，诸宗并弘，此理路与杨文会佛学思想有一脉相承的关系，是对杨文会由传统佛教向现代佛教转型的继承与发展。太虚是杨文会的追随者，以佛教复兴乃至走向世界为己任。他同样重视佛经的刊刻、流通；重视佛教教法、教史研究，力图恢复佛教正信，促进佛法在知识分子中的传布、研究；重视僧众信众素养提升、弘法人才的培养；重视佛法对世法的引导，期以佛法救世。

---

① 参见孙永艳：《杨文会与近代佛教复兴》，《普门学报》2000 年第五期，第 141–142 页。

### （三）佛教衰微困境的逼迫

庙产兴学是张之洞在《劝学篇》中提出的，他认为改造国运，就要改造旧的教育体系，在全国兴办学堂。提出佛教末法中衰，其势不久，可将面临淘汰的佛教寺产移作有用的兴学费用和场所。清政府采纳其建议，推行庙产兴学政策。尽管政权动荡更迭不断，这一政策却一贯地延续下来。反宗教反迷信大潮冲击，佛教被打上愚昧迷信厌世等标志，更是把这一运动推向极致。

庙产兴学运动凸显了明清以来佛教式微的现状，也构成中国近代佛教生存的困境。各方势力打着庙产兴学的旗号，驱僧占寺，佛教处于生死存亡的危机之中。在这一危机逼迫下，佛教被迫自救，为保护庙产，佛教界也开始自发兴办学堂，创办僧教育会等各种佛教组织，但这一切往往是出于自我保护的被动应对。学堂是为了保护庙产而兴办，并且只有在没收的危险增加时才得以发展壮大。同样佛教组织也迫切需要政府对庙产的保护，只有联合起来建立，危机过去则名存实亡。

太虚积极投身于佛教自救运动，参与历次兴学、佛教组织筹建等，但与守旧僧人不同，他更关心佛教革新，认为佛教自身的腐败、失真、堕落才是困境关键。至清末，佛教已衰微至极，佛教徒众主要分化为四类：离世隐修的清高流，专事跑香坐禅的坐香流，专事读经的讲经流，专事作法事放焰火等的经忏流，又以经忏僧为主。

> 右四流，摄近世佛教徒略尽。而前之三流，其众寡不逮后之一流之什一；而除第一流外，余之三流，

> 人虽高下，真伪犹有辨，其积财利、争家业，藉佛教为方便，而以资生为鹄的则一也。而第四之流，其弊恶腐败，尚有非余所忍言者。[①]

佛教根本精神被掩盖，堕落为远离人生、远离社会的鬼神的、重死的佛教，导致佛教的衰败，世人误解佛教为迷信的、鬼神的、厌世的、分利的。法师认为摆脱佛教困境、复兴佛教就必须改革佛教积弊，恢复佛教本真，建设发达人生服务社会的人间佛教，以佛教新面貌出现，令社会对佛教有新的认识，从根本上摆脱佛教的负面性，跟上时代的发展。

### （四）开启佛教改进运动，力倡人间佛教

在辛亥革命的大潮下，太虚提出了教理革命、教制革命、教产革命的口号，发起佛教革命，旨在恢复佛教本真，顺应时代发展，改革佛教的学理、佛教组织、佛教寺产，改变鬼神的、重死的佛教为发达人生、福利社会的人间佛教。法师革新佛教、倡导人间佛教的历程由此开启。

> 我认为今后佛教应多注意现生的问题，不应专向死后的问题上探讨。过去佛教曾被帝王以鬼神祸福作愚民的工具，今后则应该用为研究宇宙人生真相以指导世界人类向上发达而进步。总之，佛教的教理，是应该有适合现阶段思潮底新形态，不能执死方以医变症。第二，是关于佛教的组织，尤其是僧制应须改善。

---

①《太虚大师全集》第十九编《文丛·史传·震旦佛教衰落之原因论（六　流窳）》。

> 第三，是关于佛教的寺院财产，要使成为十方僧众公有——十方僧物，打破剃派、法派继承遗产的私有私占恶习，以为供养有德长老，培育青年僧材，及兴办佛教各种教务之用。[①]

法师与一些曾受新教育的僧青年，共同设立了佛教协进会，以镇江金山寺为基地推行佛教革命。但因实际的行动太轻率过激，招来寺僧巨大的反击，佛教协进会自动解散，佛教革命也以失败告终。

其后，法师在普陀闭关三年，系统研究佛教大小乘诸部经论，浏览诸子百家学说及西方译著，形成“从佛教中心，以采择古今东西学术文化而顺应现代思想的新佛教”；对于僧制寺产，作了整理僧伽制度论，成为“从中国汉族的佛教本位，而适合时代需要的新佛教”，写成各种著述。法师以佛法救人救世为宗旨，创办觉社，刊刻佛学著作，宣讲佛学思想；在政商文化名流的支持下，到武汉、北平、上海、广州等地讲经讲佛学，以消除大众对佛学的误解，了解佛学真意；创办佛学院，以养成“僧教育师范人才”，训练一般僧众，改革僧制寺制建立新佛教，使僧寺真正成为弘法利生的机构，养成真能住持佛法的僧材。然而僧教育未能取得预期效果，新佛教更无从谈起。

北伐革命之后，在国民政府改组佛教的政策下，法师主导创设了中国佛教会，希望将所有僧寺组织起来，训练僧众逐渐改善

---

①《太虚大师全集》第十九编《文丛·史传·我的佛教改进运动略史第一期（丙　运动的实施）》。

制度，演进为适应时代的佛教。但后来领导权被保守派僧众把持，其革新佛教的愿望再度落空。

太虚认为依佛法契理契机原则，佛教革新应根据佛法的常住真理，去适应时代性的思想文化，洗除不合时代性的色彩，随时代以发扬佛法的教化功用，使佛法活跃在人类社会或众生世界里。佛教革新应以中国二千年来传演流变的佛法为根据，在适应目前及将来的需要上，去吸收采择各时代各方域佛教的特长，成为复兴中国民族的中国新佛教。同时在现今世界文化交融会合的趋势下，应将超脱一切地域、时代、人种、民族等局限而又能融会贯通东西各民族文化的佛教真理，宣扬出来，普及大众，以作人类思想行为的指南。以佛学真理，觉悟全世界的人类，救济世间，实现人间净土，由中国佛教新运动而开展为全球的佛教新运动。①

太虚佛教革新的原则是新旧融贯（融会贯通），即遵循佛教本质，顺应时势应机设教，将佛教的改革、振兴与救国救世合一。太虚佛教革新运动既有承继又有开创，实质是恢复佛教本旨下的现代化。但是传统佛教界并非只是被动的存在，它也有自己的生存之道。如果太虚要针对它来进行改革，需要一些条件。他没有自己的地盘（大寺院）作基础，他的声望与优越才华，其实在当时的佛教界是无根的。另外，当时佛教界以佛教革新而有佛教新旧两派，革新派以青年学僧、进步居士为主流，奉太虚为领袖。他们对传统佛教尖锐批判甚至否定，引起教内僧众的强烈反感与

① 参见《太虚大师全集》第一编《佛法总学·判摄·新与融贯（二　佛教中心与中国佛教本位的新）》。

不满，尤其在人事与财权上的主张更是从根本上触动一些寺庙方丈的利益。同时，持守旧思想的佛教势力强大，根基深，强力抵制佛教革新。但守旧派中也有高僧同样希望革除佛教积弊，弘法救世，振兴佛教。太虚初期出家生活是传统的，受到高僧大德的器重与提携，结下深厚情谊；太虚所倡佛教革新，也是以中国大乘佛教为本位；在当时中国如来藏系真常心是否违背佛意、法相唯识的诸多争论中，太虚始终是捍卫传统的。因此太虚并不认可佛教新旧分化,特别是将其作为新派领袖与守旧派一些名僧对立。但由太虚发动佛教革命而教界确实分化为新旧两派。守旧派一些名僧强调出世本质、超越追求为佛教信仰特质，担心、质疑太虚人成佛成、佛化世界的主张，以世俗理性文化去魅佛教的思路会导致佛教俗化，消解佛教信仰根基。尤其是太虚试图建构全国性佛教组织，以现代选贤制度建立寺院组织机构，寺院财产公有，所有权归各级佛教组织所有，管理权归寺院的做法更是他们所不能容忍的。在他们看来这是对传统剃派法派传承、寺院丛林制度、寺院财产传统模式彻底打破甚至切除，是不可行的。而革新派在推行新僧运动、佛化运动过程中，言语、行动过激，矛头直指诸山长老，甚至对其丑化、诋毁，偏离太虚革新佛教的初衷，也激化了新旧矛盾，加剧佛教革新阻力，导致佛教革新的失败。因此，除了守旧势力太过强大之外，思想与实践太过激进也是佛教革新失败的重要因素。这也是初期改革运动中，一直持续到后来的严重问题。

因为种种原因，太虚法师并没有实现其革新佛教的理想，但他开创性地提出与建构了人间佛教理论，极为深远地影响了近现代中国佛教的发展走向。

## 二、人间佛教思想体系

> 佛法是佛所证的一切法实相，及众生可以由之证到诸法实相的方法。时至今日，则须依于全般佛陀真理而适应全世界人类时机，更抉择以前各时域佛法中之精要，综合而整理之，故有“人生佛教”之集说。①

法师以还原佛教真意、顺应时代发展来建设中国乃至世界新佛教。认为佛教是教导众生由人生进善、福利世间、重重进化，以至于求得圆满福慧的无上正觉。应建设以科学为基础的，注重实证的，超越人种、民族、方土、时代所传习下来的拘蔽普世性的人生佛教、人间佛教。

### （一）人间佛教学理依据

依佛法，世间法是刹那生灭、因果相续、没有自体的世界。佛法是教化众生出离生死轮回，获得解脱的出世法。众生根基不同，应机设教，而有五乘教法的分别：五戒的教法，能让修持者得生人间，即人乘。十善的教法，能让修持者得生天界，即天乘。四谛的教法，能让人断惑得涅槃，即声闻乘。听闻佛的言教，悟

---

①《太虚大师全集》第二编《五乘共学·义释·人生佛教开题（一　人生佛教之意蕴）》。

四谛理得解脱的人叫声闻。悟十二因缘而得解脱，但不能把自己悟到的真谛言说的人叫独觉。十二因缘法叫独觉乘。六度的教法，让修持者行菩萨道，累世修行，成就佛果，即菩萨乘。佛教应世流传的过程中又分化为注重个己解脱的小乘与注重利他的大乘。佛教传入中国，逐渐与中国本土文化相融合，进一步演化为中国化的佛教。中国佛教以大乘为主流，并逐渐形成各具特色的诸多宗派。中国佛教诸宗多有自己的判教理论，将世出世法、大小乘诸宗镕为一炉，形成中国佛教圆融特色。以真俗二谛来融摄世出世法。随缘而生万有，森罗万象，根本上又是缘生性空、空不可得的。空与有、真与妄是圆融相即的，出世不离入世，即世而出世。以了与不了义，摄小入大。以大乘为究竟圆满教法，又以各自宗派看作是大乘中最究竟圆满的教法。

太虚法师以五乘共法、三乘共法、大乘不共法总摄一切佛法，以大乘菩萨行究竟圆满法门，融摄世间出世间诸法、大小二乘、大乘诸宗。法师认为五乘、三乘、大乘，一切的言教，都为佛陀所说，都从佛陀自证法界中流露出来。佛所说的人天乘法，是不能固定为世间教法的，只可称它为“五乘共法”。因为这些教法，都是明众缘所生法，显正因果而破邪因果，可通于圣凡法界的。“五乘共法”是佛陀全部教法的起点，以此入手，再脚踏实地一步一步地进入，便可得着全部教法的纲要。“三乘共法”，即出世三乘——声闻、缘觉、菩萨——共法，三乘虽有区别，而断三界烦恼生死以证无生阿罗汉果是相同的。“大乘不共法”，即佛菩萨大乘不共教法，是佛陀教法的圆满境界，而其他一切乘的教法，又都统归于它。太虚法师对佛教的判摄继承了中国佛教传统，但又有独特的现代开创，具有世间出世间法、小乘大乘圆融互具（前者是后者的根基，后者是前者的目标，层层增上，彼此相摄相入）、彼此相依，并且阶梯式推进的进化主义佛教特色。

太虚法师认为佛法是宣示人生真相，教化众生契证人生实相（如实状况，本来面目），实现人生圆满的教法。佛就是人生终极目标，由良善的人为基础不断增上而成就，人天乘、二乘是达此的阶梯。佛教应机教化，经历了由修证声闻行果而发大乘心成就佛果的正法时期、由修证天乘行果而发大乘心成就佛果的像法时期。以往契合时代由修证天乘声闻乘行果而成就佛果的方便，而又陷入偏离佛法真意，只求后世死得好，或离世隐修但求出离，导致佛法的偏重出世、鬼神迷信的困境。应顺应时代涤除旧佛教鬼神的迷信色彩，还原佛教真意，发展契机的由人乘而大乘的大乘渐教。

> 故“人生佛学”者，当暂置“天”“鬼”等于不论。且从“人生”求其完成以至于发达为超人生、超超人生，洗除一切近于“天教”“鬼教”等迷信；依现代的人生化、群众化、科学化为基，于此基础上建设趋向无上正遍觉之圆渐的大乘佛学。①

### （二）人间佛教出发点

人间佛教出发点就是发明佛教真义，革除佛教积弊，变送死

①《太虚大师全集》第二编《五乘共学·义释·人生佛学的说明（五　人生佛学之大旨）》。

的、鬼神的、消极的佛教为发达人生、净化世间的人生佛教、人间佛教。

太虚法师认为当下佛教堕落为“死的佛教”与“鬼的佛教”。学佛者只要死得好、死了之后好，甚至有些信佛者竟希望死后要做个享福的鬼。但在佛教看来，人和鬼都是众生，死不过是生的变化，了解此生，做此好人，了死、了鬼也在其中了，所以重要的是了解此生，做好此人。与其重“死鬼”不如重“人生”。这同儒家“未知生焉知死。未知人焉知鬼”有相似之处，但这只是消极方面，佛教还有更积极方面的意义。佛教所讲的人生是五蕴和合的假相，众缘和合而生，人生的真正意义就是实证“人假无人”“生空无性”的真相，同等正觉（能如实觉悟万有的性质与相状；不仅自己觉悟，还能平等普遍地觉他；自觉觉他的智慧和功德都达到最圆满的境地）……先了生再了死，从消极意义上可根除佛教弊病，改善现实人生；积极意义上可实证人生真意，完满人生。这就是契理应机人生佛教的真义。

> 由此说来，所谓死，实即生之一部分；我们要能了生，才能了死。相反的，若只了死，非唯不能了生，而且也不能了死。所以，基于上述之消极意义，既可革除向来佛教之弊习，改善现实人生；而由扩大之积极意义，尤能由人生以通达一切众生法界，缘生无生、无生妙生之真义，此为据理发挥应机宣扬之人生佛教真义，学佛法者先应对此有正确认识。[1]

①《太虚大师全集》第二编《五乘共学·义释·人生佛教开题（二　何谓人生）》。

> 当下，佛教颓败，佛教发达人生的真相被遮蔽，佛教被误认为消极的、厌世的、鬼神的，而以佛教正法救济国难、转变世运也是时代所需。因此在倡导人生佛教同时更应倡导人间佛教，即“表明并非教人离开人类去做神做鬼，或皆出家到寺院山林里去做和尚的佛教，乃是以佛教的道理来改良社会，使人类进步，把世界改善的佛教”。①

**（三）人间佛教的终极目标**

1. 人成佛成

太虚法师认为，人间改善、后世胜进、生死解脱、法界圆满是全部佛法所包容的四层目的。人间改善，即做一个良善的人，成圣成贤。后世胜进，即在后世能保持人身不退，以至上升天界。生死解脱，即出离生死轮回，超凡入圣。法界圆满，即如实了悟人生性状，成就自觉觉他觉行圆满佛果，在因缘生灭的世界，遍行利乐有情之事，而随时随处安住在涅槃境界。四者是层次递进的关系，而只有法界圆明的佛果才是究竟圆满的，是全部佛教的真正目的，前三层都是达到此圆满佛果的方便。法界圆明的佛果是人生的终极目的，而只有信果止恶修善，好好做人，保持人天福报不退，不断增上，才能超凡入圣，成就佛果。佛教本质，即是教化众生契证人生实相，实现人生圆满的教法。旧佛教厌离现实人生，只重求后世胜进或生死解脱，佛法发达人生的真意被遮蔽了。人生佛教对治此弊，侧重于人生改善直接法界圆明。以人

---

①《太虚大师全集》第十四编《支论·怎样建设人间佛教》。

生改善为基础，圆解佛法，发菩提心，修菩萨行，并隐摄天乘二乘，直达佛果；佛果以人生改善为基础，又是它的完成、究竟。

> 今倡人生佛教，旨在从现实人生为基础，改善之，净化之，以实践人乘行果，而圆解佛法真理，引发大菩提心，学修菩萨胜行，而隐摄天乘二乘在菩萨中，直达法界圆明之极果。即人即菩萨而进至于成佛，是人生佛教之不共行果也。[①]

2. 人间净土

“佛学所谓的净土，意指一种良好之社会，或优美之世界。土，谓国土，指世界而言。凡世界中一切人事物象皆庄严清净优美良好者，即为净土。”[②]

依佛法，世界一切事物都是因缘所成，众生心力发动，心净则国土净。净土并非自然而成就的，也非神所造成的，是由人等多数有情类起好的心，据此好心而求得明确的知识，发为正当的思想，更见诸种种合理的行为，由此行为继续不断做出种种善的事业，其结果于是成为良好社会与优美世界。人人都有此心力，人人都已有创造净土本能，人人能发造成此土为净土的胜愿，努力去做，即由此人间可造成为净土，无须离开此社会而另求一清净之社会。

太虚法师认为，佛教不是消极、厌世的，而是以佛法完善人生、净化世间的人间佛教。佛教所追求的净土不是脱离现实社会

①《太虚大师全集》第二编《五乘共学·义释·人生佛教之目的》。
②《太虚大师全集》第十四编《支论·怎样建设人间净土论（附录　创造人间净土）》。

之外的极乐世界，而是对治现实社会、人间改善基础上所达到的一种良好社会、美好世界。

实现人间净土，要发展实业、教育、艺术、道德等，从经济、政治、文化各方面对社会进行系统建设，促进社会进步、改善，其中最核心的是道德建设、人心改造。太虚法师认为，这只是实现人间净土初级的、有限的环节，更根本、究竟的还是要诉诸佛法，依佛法的精神为究竟归趣。

### （四）人间佛教的建设

太虚法师认为，对于个人来说，即信解大乘法，发菩提心，行自利利他菩萨行。首先皈依三宝兼发菩提心，以之修养人格，确立人生根本；信守五戒十善，保持人生善果不退，求得人世间人格的完善，成为世间圣贤，在上趋佛果中，即为初步菩萨位；在此基础上行六度四摄利他行，进一步增上，由人而进化至于圣贤菩萨至佛。这一过程也是人生世界真正的进化，人人都能如此，则此世界便可跻大同极乐之境。

对社会来说，即还原佛教真相，建设人间佛教。首先就要破除民众对佛法的偏见误解，还原佛教真相。太虚法师认为，佛法是一切圣贤教化中最圆满的教法，唯依佛法修习，才能出离生死，获最终解脱，求得人生圆满。佛教报四重恩——报父母恩、报社会恩、报国家恩、报佛恩，即是教人做人的道德。佛是使人觉悟而趋向光明的指导者。菩萨，梵云菩提萨埵，汉译为求觉的有情众生，即随佛修学、立志成佛的佛弟子，因此佛菩萨与普通所谓鬼或神不同。佛教徒也不是厌世分利的，学佛并不一定要出家。

佛法教导人应对于国家、社会知恩报恩，要做正当职业。学佛不但不妨碍正当职业，而且还能教人更好地做事。

其次，将当时的国难救济与佛教建设、发展融为一体。太虚法师认为应以佛法重塑国民精神、国民道德，进行经济、政治、文化的全面建设，富国强兵，建设人间佛教。在此基础上，进一步以中国文化特别是佛教文化来救济世界危机，建设人间佛教。

太虚法师认为人间佛教的建立还需改革在传统政治教化环境中形成的佛教积弊，如寺院各自为营、一盘散沙、寺产私有、徒子徒孙承袭制、唯僧众是佛法代表等。应顺应政治教化环境的变革实现庙产共有，建立现代佛教住持僧组织，在家佛徒当组织佛教正信会为全国统一组织，使寺院全部成为住僧的修学场所与当地的教化机关。更倡导在家正信会辅扬法化，使佛教安固昌盛。

### （五）太虚人间佛教伦理特质

太虚法师认为依佛法，万有缘生互伴（一切有无诸法，必须主因助缘全备才能生成、存在。任一法都可以为主因，而又可以成为构成它法的助缘，层层相摄，不可分离。万法虽各有生灭相，各有同异，但又是主因助缘相摄互入，一即一切、一切即一的），你中有我，我中有你。个已的自净其心、从善去恶以致终极解脱，必然又是利乐他人、造福社会自利利他菩萨行的圆满。而世间净化、人间净土的实现又是以每个人自净其心、从善去恶为基础，在正信佛法、奉行自利利他菩萨行的过程中实现的。太虚法师认为，个已的终极解脱与社会净化、人间净土的实现是佛教当体不二的终极追求。侧重点或出发点不同，从个体人出发或落实到个人为人生佛教，从社会出发或落实到社会即人间佛教。每一方又都内在包容另一方，以对方为根基或为宗旨。人生佛教、人间佛教是当体不二，一而二、二而一。

太虚法师发起佛教改革，要把送死的、鬼神的佛教变为活的、人的佛教，把佛法落实在人生、人间，既有人生佛教也有人间佛教的提法。到后来，基本上人生佛教已成为人间佛教应有之义，两种提法合一，人间佛教也成为近现代佛教主流趋势。人间佛教的根本即菩萨道，即先从大乘经论研求得正确之圆解，发菩提心，学菩萨行。“人人都能去学，人人都做‘菩萨’，乃至全中国、全世界、华藏界、尽虚空界的有情，都成‘菩萨’，则极乐世界不一定在西方，而十方世界与我们当处的世界，也可都成为‘菩萨’的和平安乐世界了！”① 也就是对个人来说由奉行五戒十善开始，渐而四摄六度、信解行证而成佛果；同时个人要去服务社会，替社会谋利益；一方面以个人人格影响社会，一方面努力净化社会，达成建设人间净土的目标。

佛教在中国历史发展的过程中，逐渐融入中国文化，成为中国传统文化、伦理建构的重要部分，强化了儒家伦理的超越性，在中国传统道德信仰的建立与维系、道德规范的完善与践行、道德境界的提升等各方面都发挥了重要作用。人间佛教，在现代社会以人为中心背景下，深刻批判旧佛教消极厌世、鬼神迷信的一面，倡导佛教人生化、人间化是对这一偏离的矫正、对佛教伦理精神的重建。

---

①《太虚大师全集》第四编《大乘通学·义绎·菩萨（五　初心学渐修）》。

# 第一章　太虚人间佛教道德形上学

虽然道德并不必然依赖于宗教，宗教也是以出世超越追求为本质，但道德又是宗教合理内核，宗教也普遍地强化世俗道德生活。佛教更是一种伦理性宗教，其对人生价值和意义做出判断，指出应当追求的理想价值和达到理想境界的道路和方法，实质上就是强调去恶从善、由染转净的宗教道德价值判断。

道德形上学从理论上解决了道德的源泉，去恶向善的必然性与可能性，善恶的内涵等道德根本问题。道德形上学是伦理学理论基石，为其提供最根本的理论依据。人生解脱论、果报论、心性论、善恶观构成佛教伦理思想的理论根基。太虚也是从这四个方面，契应时机自觉思考人生从善去恶的道德至上性、必然性、可能性、自觉性，形成系统理论，建构相对完善的人间佛教道德形上学体系。法师以即人成佛的真现实论确立佛法在现代社会的合理性、至上性，继承与彰显了佛教关照现实人生，重视道德修持的伦理精神，将对人生持否定态度的“消极佛教”转变为肯定人生现实价值的“积极佛教”。以诸法因缘生唯识现为佛法根本意，融摄大小乘，世出世法，完成佛教业报轮回道德因果律的现代转化，确立缘生互伴、唯识因果相续的两大道德标准。契应时机，承继佛教传统，会通现代思潮，以人性与人欲本体善，又有善有恶、可善可恶，确立人生向善追求的道德本体性与自觉性。承继佛教传统，以圆满自利利他为佛法要旨，并以此为标准界定善恶，形成利他为善、害他为恶的善恶观。

## 第一节　道德至上性的源泉

太虚法师认为，佛陀证悟实相，出离生死轮回的痛苦，达到人生自由境界，人人追随佛陀教化都能走上这条觉悟之路。佛教人生解脱论的伦理旨趣是佛教道德至上性的源泉。而在理性化、人本化现代思潮的冲击下，佛法被批判为厌世的、迷信的、消极的存在，佛法合理性根基被切除，佛法伦理精神丧失。从伦理角度来看，太虚界定佛法为真正现实主义、佛法是即人成佛的真现实论，就是对于佛教在现代社会的合理性的重塑，对于佛教发达人生、服务社会的伦理精神的重塑。

### 一、佛法现实论

太虚认为在西洋各种主义中，可以代表近代思潮的，就是理想主义和现实主义。而在这两种潮流中，现实主义要算是近代的主潮，科学上是如此，哲学上也是如此，并且应用到人生实际的社会运动方面。现实主义专重现实，以经验事实为基础，凭经验和知觉去观察一切事事物物的现象，归纳起来，这样去求其真理，其研究结果又是以现实为最后判断的。至于理想的超自然的所谓天国，最终成为现实主义者所反对的迷梦。佛法也被批判为厌世的、虚无的、迷信的遭遇生存困境。太虚法师认为，实际上佛法绝非虚无寂灭、消极厌世的，佛法纯粹是真实和注重现实的学问。他认为相对于世俗现实主义，佛法才是真正的现实主义，并专门撰写巨著《真现实论》。

现实即“现前事实”，依现前事实而言说的真实义理即现实主义，佛教现实论“虽不离现前事实之本义，但较平常所云事实，更加真切深奥”。共分四层：

> 甲、现行实事——流行之不常不断　一切显现的事物，我们不但叫他为现实的事，而说他是现行的事，因为，他都是流行变化的；因为他既不是固定常住，又不是断尽绝灭的。[1]

宇宙间的一切现象，都是迁流不息的。存在，但并非永恒的；死生相续，新旧交替，又都不是“断尽绝灭”的。

> 乙、现事实性——缘成之非有非空流行转变，而非常非断之事事物物，皆假众缘聚集而成；缘至则集，缘尽则散。则非有而有有由众缘，由众缘故自体非有，虽无自体而不无众缘，故非空。[2]

宇宙万有缘起性空，非有非无。宇宙万有，都是“众缘所成”。

①《太虚大师全集》第十三编《真现实论宗用论·哲学·佛学的现实论（四　佛学之现实论）》。
② 同上。

万有缘聚而成，缘尽而散，没有不变的实体，故非有；而虽无自体，众缘和合，万象丛生，故非空。

> 丙、现性实体——亲证之言绝思绝　根据佛法里面修慧亲证的办法，要办到止观并行，引出无分别智，将平常有对待的分别知识突然遣尽，这样始可以证得非有非空的理性所显的诸法真体。[①]

佛法亲修实证，转识成智所证悟“非有非空的理性所显的诸法真体”，即佛教不可言说的彼岸性的诸法实相。

> 丁、现体实能——唯识之显现变现　证得言绝思绝的实体以后，始见无量的真实功能都不外乎智识。总之，根身、器界唯识变现，宇宙诸法皆识显现。所以、佛智为诸法中王，一切诸法无不为佛智所调御，而佛法即以宇宙诸法为身，号称法身，人们有心识，都可成佛，那怕宇宙万变纷纭，都以心识为主动力，都以心识为出发点。[②]

证得“诸法真体”、圆融无碍的佛果境界，而有穷神尽化的妙用，了知万法唯识现，万法圆融无碍，人尽有心识，都可成佛。

此四层，一层比一层深，第一层可谓现象，二三层深入本体，第四层由本体又变为现象，根本上是以佛法为本位来界说现实论。

佛学现实论与现实主义既有区别又有共同处。

> 两者都以现实的一切事事物物为根据，佛学用“法

①《太虚大师全集》第十三编《真现实论宗用论·哲学·佛学的现实论（四　佛学之现实论）》。
② 同上。

> 尔如是”的道理——法就是诸法，统指一切事物——法去解决人生宇宙究竟问题。法尔如是，就是说：诸法性相原来如此，还他如此。用这个道理来证明，真实不在现前的事物外，当下便是。近代的现实主义也注重，即从现前的事物证明出真实，这是二者的同的方面。不过，现实主义的办法，总不外乎用五官感觉，及意识知觉——概念思想及归纳、演绎种种方法来推论，终脱不了分别戏论的遍计所执。所以，现实主义是平凡的人有限度的、不完全的知识经验所得的结果，不是宇宙的究竟真相，而佛则是无上正等正觉者，他所经验到的是无限的圆融的现实境界。①

注重经验事实、注重实证分析成为近代文化主流，在此文化背景影响下，形成文化去魅及对超验的形而上学特别是宗教神学的批判浪潮。在当时的中国表现为科学民主思想及反宗教反迷信的浪潮。佛教首当其冲受到冲击，被攻击为虚无寂灭，是消极而且抹杀现实的。太虚迎接挑战，以佛法契应现代文化思潮，会通二者，以现实主义界说佛法，并以佛法现实论融摄世俗现实主义。法师从实证、理性角度解读佛法，说明佛法不是厌世、迷信的，是真现实主义。以此为佛法在现代社会争取合法学术地位。实际上，佛法与世俗现实主义二者又具有本质区别。佛法以宗教修证达到觉悟，彻悟人生实相，达到超言绝相的神秘圆融境界，解脱

①《太虚大师全集》第十三编《真现实论宗用论·哲学·佛学的现实论（三　佛学现实论与现实主义之异同）》。

成佛。而世俗现实主义依经验和知觉观察一切事事物物的现象，用归纳、演绎等方法求得真理。不管是方法、路径及最终结果、目的都有本质区别。法师佛法现实论既是佛法现代化、理性化的开拓，又只是以佛法为本位的被动适应、表层会通，没有从根本上触及佛法理性与科学理性的冲突。

## 二、佛法人生观

“人生观，是指我们人生在世应当如何做人的生活之一种观想，一种意念，及秉持此一种意念所引生的行为与所结成的效果。但其本旨则在立定‘当如何做人的生活之一种标准’。”[①] 当大多数人可安居乐业，人生观问题不易发生，但当大多数人感到不快乐、不安宁时，人们就要思考如何做人等问题，希望求得一种人生观作为自己及世界人类谋求安乐的依据。各家所树立的人生观，各有不同，大体可归纳为四类：人本的人生观、神本的人生观、物本的人生观、我本的人生观。四种人生观各有可取之处，在佛学上，对它们说来，“皆有所是。亦皆有所非”，[②] 而归根到底，它们却“尚无一能达到佛学的真际者”[③]！太虚法师认为，四种人生观都没有达到佛法的境界，而佛法是关于人生究竟实相的学问，以此为基础树立如何做人的标准，即佛法人生观，才是究竟的人生观。

首先是依佛法现实论明了人生的实相。万有包括人生从根本

---

①《太虚大师全集》第十四编《支论·人生观的科学·绪言》。
②《太虚大师全集》第十三编《真现实论宗用论·人生观·近代人生观的评判》。
③ 同上。

上是由六个方面构成的。眼识、耳识、鼻识、舌识、身识、末那识、阿赖耶识等八种心识（心王）及心所有法。心识是精神活动的主体，各自与其所对境界相接触而形成分别虑知的作用。心所有法即心在发挥作用过程中所引起的各种心理活动、精神现象。二者是二而一的体用关系，心所有法是心识（心王）的精神活动、心理活动，不能自有，随心王有，与心王相应不离。第三是由心识与心所有法变现、识别的外境、物质世界。第四是依附于、借助于前三者差别而成立的时间、空间、次第等。第五是超言绝相的万法本体、真如实相。第六是阿赖耶识，其含藏万法种子，是一切众生的根本心识，是产生一切现象的根源，善恶染净有漏无漏的一切都源于此。

太虚法师认为，用科学的方法只可探求“现前心理”即显意识、人类社会生活、现前物质世界的真相，是不究竟的认识；而阿赖耶识所含藏种子、八识及相应心所有法、万有的真实相是幽微难知的，只有通过佛教“瑜伽方法”才可探知。“瑜伽方法”本是佛教中直观、内证的修证方法，太虚将其界定为超越经验积累、主客对立、实证分析等狭义科学方法，更为究竟圆满的广义科学方法，认为运用这一方法，才能转识成智，析观宇宙万有都是变幻无常、缘生性空，唯有平等、圆满、超言绝相的真如实相。

万有都是因缘和合，迁流变化的生灭法、分别相，但从根本上又是没有分别、完全平等、彼此互具、圆满具足真如实相的。一切事实的本来真相如此，人生的本来真相也是如此。但其中有可减损断灭的，由烦恼障（由执著自身实有所起烦恼）、所知障

（执著自身之外的外境实有，而有所知障，妨碍对佛法真理的理解）所摄及所起的有漏界（烦恼染污的现象界），使人迷于人生事实真相；有虽可隐藏损减而不会断灭，并且可以熏习增长，发挥扩充以致圆满的、离二障的无漏界（清净无染的本体界），可使人最终彻悟人生事实真相。

> 了解了一切事实、一切人生的事实真相，可知人生进向的标准，即发挥人生等事实真相的能熏有力，熏长熏生阿赖耶识所潜藏的无漏界的功能差别，熏减熏断阿赖耶识所潜藏的有漏界的功能差别，而续续现起流行合于事实真相的事实，渐渐圆满以至唯有合于事实真相的事实现起流行，而永绝违于事实真相的事实现起流行，达到常乐我净之无漏妙果。[①]

在此基础上，太虚又对人生事实真相及人生趋向的标准进行具体分析、详细说明。

> 依前来所述明者，当知一一微尘、一一细胞等事实真相，第一，即为遍一切一一自觉而别无他可觉的遍觉——佛陀。若非遍一切一一自觉，则必有其他可觉，有其他可觉则有能觉所觉之对待，而所觉一分即非是觉，便不成为遍觉。故遍一切一一自觉的遍觉，是一一人生等第一真相，我们当以为进行趋向所依归的第一标准。[②]

---

①《太虚大师全集》第十四编《支论·人生观的科学（三　人生的科学）》。
②《太虚大师全集》第十四编《支论·人生观的科学（四　人生观的科学　一）》。

太虚法师认为，佛陀的“遍觉”，不增不减如实觉悟人生的性状，圆满遍照万法，即一切人生等的“第一真相”，我们应以此为人生趋向的“第一标准”。

> 第二，即为由一潜藏在赖耶的差别功能，藉一切现起流行的亲疏顺违关系，而现起流行为一个刹那起灭相续或不相续的生活之事，而又能损减或生长潜藏赖耶的功能差别，及唯不可得的为真实相之律法——达磨——。故此种生现、现生现、现在种、种生种的一切变化，及不可得的实相之律法，是一一人生等第二真相，我们当以为进行趋向所依归的第二标准。[1]

“达磨”，即佛法——阿赖耶识转依，种子与现行互生，是万法迁流变化、因果相续的根源，也是众生转识成智、转染成净、契证实相、究竟解脱的根源。此是一切人生等的“第二真相”，我们应以此为人生趋向的“第二标准”。

> 第三，即为藉一切现起流行的亲疏顺违关系调和所成的一个不调和事实——若一一微尘、一一人生、一一心行等、而又与其他一一调和所成的不调和事实若一一世界、一一细胞、一一神我等相调和——僧伽——。故此一一摄一切、一切入一一的调和，是一一人生等第三真相，我们当以为进行趋向所依归的第三标准。依此根本的、究竟的第三标准，则我们做

---

①《太虚大师全集》第十四编《支论·人生观的科学（四　人生观的科学　一）》。

人的生活，如何是善，如何是不善，可得而定矣。[①]

僧伽，即一即一切、一切即一的调和——万法都是阿赖耶识变现，缘生性空，各自有体有用，各守自性，从根本上又是平等无别、相摄相入。此是一切人生等的“第三真相”，即人生趋向的“第三标准”。

> 但此一一人生等事实三真相，未到究竟觉位，不易认识证实，而摹仿此三真相以表示于现前现起流行之事实上的，即为释迦牟尼等佛陀、解深密等阿毗达磨、华严海会等僧伽耶。故人生之究竟观，当以皈依佛陀、达磨、僧伽为始，以此三者为摹仿一一人生等事实三真相，而表现为吾人做人的生活之真标准，故吾人珍之、敬之、宝之、重之、而抱守为不可须臾或离的宗旨——最高情志或最高生命或最高信愿。[②]

一切人生等的“事实三真相”，只有达到究竟觉位（即佛位），才能认识证实，否则是不易认识、更不易证实的。而“摹仿”这“三真相”以把他们表示于现前事实之上的，就是佛、法、僧“三宝”。所以，究竟的人生观，当以皈依“三宝”开始，并且以这三者为“摹仿”一切人生等事实的“三真相”，并以之作为我们做人的最高“真标准”“最高情志”“最高生命”“最高信愿”。

太虚法师认为，虽以佛、法、僧“三宝”为人生的“三真相”及“究竟的标准”，但还要明白我们现前做人的生活，应当以人

①《太虚大师全集》第十四编《支论·人生观的科学（四　人生观的科学　一）》。

② 同上。

生初步而进行。此人生初步的进行，又是进向人生究竟的进行，在圆渐中而不断增上的进行，“当以修行信心位——大乘习所成种性位——及三无数劫位分之”。修行信心位三事，与三无数劫位相仿，不过是依现前流布的人道生活而方便施设，是世俗法，是用理知可达到的；三无数劫位三事是依人生等事实真相而施设的，是胜义法，是用佛法修证方可达到的。

故人生之初行，是依一一事实三真相之世俗假说的佛陀，若周、孔之圣；达磨，若易礼之经；僧伽，若史家所颂为刑措风清之成康之治等为依归。而人生之究竟，是依一一事实三真相之胜义真实的佛陀、达磨、僧伽——如第四章所说的——为依归。[①]

人生初行即世间人道生活，太虚法师认为，唯有以佛、法、僧三宝为根本皈依，才能由此直驱究竟佛教，达到人生的究竟圆满，“则此初行即为得达究竟之初行”。因此，人生初行第一要义，仍在皈依佛法僧三宝。

故今人既闻佛教，则初行时、虽准一一事实三真相之世俗假说的佛、达磨、僧伽而践履，然心志所归向者，则当在胜义三真相之佛教的佛陀、达磨、僧伽，故此初行得成为进达究竟之初行也。由是、人生初行之第一要义，仍在皈依佛教的佛陀、达磨、僧伽。[②]

①《太虚大师全集》第十四编《编支论·人生观的科学（四　人生观的科学　一）》。
②《太虚大师全集》第十四编《编支论·人生观的科学（四　人生观的科学　一）》。

人生初行第二要义即信业果报、修十善法。信业果报，即相信善恶因果报应。太虚法师认为，十善法、五戒的扩充，是人生真道，也是大乘根。唯有依此人道，才能最终达到大乘妙觉佛果，它也是今世所最急需的。太虚法师认为，信业果报、修十善法是世间人道生活真义，也是大乘佛法根基的人乘法。

> 第二要义则为信业果报、修十善法。①
>
> 信由善的业可招致安乐的果报，由不善的业可招致困苦的果报，是谓信业果报。此即孔子之知天命，亦科学从生物学等所得比较不变之关系法式。既信业果报矣，于是孜孜务治伏不善的身心动作而调练善的身心动作，是谓修十善法。②
>
> 此十善法，是人生之真道，亦大乘之始基。故曰："端心虑、趣菩提者，唯人道为能"！而今世之所急需者，亦唯在此人道耳。③

人生初行第三要义即厌取作、舍坏苦。厌取作、舍坏苦并非厌绝一切世俗生活，而是要求得生活的究竟圆满。虽然信业果报，修十善业，求得人生善报，以致成贤成圣，但终不免无常坏灭，还未达到人生的究竟圆满。因此，要由厌生死苦，而走上佛教解脱之路，"即由修行信心位入信成就发心初住位，走上三无数劫修途以直趋人生之究竟"。

---

①《太虚大师全集》第十四编《支论·人生观的科学（四　人生观的科学　二）》。
② 同上。
③ 同上。

> 第三要义、则为厌取作、舍坏苦；起信论曰厌生死苦。[①]
>
> 非指一切生活变化为生死苦，厌患一切生活变化而剿绝之也；故其结果为得恒续转的遍和洽的常乐而非断灭。[②]

佛、法、僧“三宝”为“三真相”及“究竟的标准”，但现前做人的生活，应当以人生初行为根基渐次进行。人生初行即世间人道生活，以人生等事实三真相为人生最高追求，依现前流布的人道生活而方便施设的世法。信业果报、修十善法即世间人道生活真义，作为大乘佛法根基的人乘法。太虚法师认为，信业果报、修十善法即人生初行、世间人道生活具体内容，它既是今世为人最要之事，也是提倡佛法最致力之处。信业果报、修十善法的人生初行又是以佛法僧三宝为根本皈依，而最终要由厌生死苦，走上佛教解脱之路，进向人生究竟之初行。

> 今后能致人世之安乐者，必由此皈依——人生等三真相，信业果报，修十善法以达到之，并由厌取作、舍坏苦，更走上瑜伽之大道，决然可知。故此进向人生究竟之初行——人乘佛法，在今世为最要之事，亦为予提倡佛法最致力之处。[③]

法师认为只有依佛法修证，转识成智，才能证悟人生实相，

---

①《太虚大师全集》第十四编《支论·人生观的科学（四　人生观的科学　二）》。
② 同上。
③ 同上。

确立正确的人生标准，完满人生。他立足于现实人生，以万法唯识思想界说人生真相，以转识成智、转染成净界说人生的终极标准与意义，又将佛法修证与世俗生活合一，将佛法修证落实为以人间向善追求、道德生活为根基的不断增上与完成。

## 三、佛法就是即人成佛的真现实主义

太虚以佛法为纯粹真实和注重现实的学问，是真现实论；并以此为基础回应人生观问题，评判近代人生观思潮，建立佛法人生观并以之为“最科学人生观”。他界定佛法是真现实主义，即人成佛是佛法真现实论的中心思想。

> 仰止唯佛陀，完就在人格，人圆佛即成，是名真现实。[①]

> 佛法无他缪巧，不过阐明正确的宇宙观以立为从基本进向究竟的人生观耳；详说在真现实论。[②]

> 故应易“直指人心见性成佛”为“直依人生增进成佛”，或“发达人生进化成佛”，是名即人成佛的真现实论。[③]

太虚法师认为，佛法是释迦牟尼亲证无上正觉的体悟，是对人生真相的彻悟，是教导众生以人生初行为根基渐次增上直至成就人生圆满的教法。佛是觉悟的人，是人的完成。佛法教化众生，众生依佛法修行，才能实现人生真正意义。太虚法师认为，人乘法原是佛教直接佛乘的主要基础，这并非是对佛教的改造，且发

①《太虚大师全集》第十四编《支论 · 即人成佛的真现实论》。
②《太虚大师全集》第十四编《支论 · 即人成佛的真现实论》。
③《太虚大师全集》第十四编《支论 · 即人成佛的真现实论》。

挥出来正是佛教的真面目。佛陀为了世人，在世间成佛，向人们显示一一人生等事实三真相。佛也是由修行信心位、人生初行进趋人生究竟之佛乘的。“此即是将菩萨位扩张延长于人及超人与佛之三位：修行信心位的人生初行，是人的菩萨位，若孔、老、善财等；初无数劫位，是超人的菩萨位，若世亲等；第二无数劫位以上，是‘佛的菩萨’位，若普贤等。”[①] 由“人的菩萨”位入“超人的菩萨”位及进至“佛的菩萨”位，所经历的都是菩萨位，不需经历天与声闻、独觉这三阶段，而这三阶段已消融于“超人的菩萨位”了。即认为这三阶段不是由人至佛所必经的，而是由人不走遍觉的路所歧出的三种结果。佛陀为适应求外道解脱的古印度信众心理，即人天福报及外道解脱的机感，不得已而示说人天乘福业不动业之报，及声闻乘独觉乘解脱之道。然而佛教在世间流布的过程中，受各种玄学、礼俗、神道设教等影响，日益失真，沦为鬼神化佛教或厌离生死的小乘佛教，多属此类情况，“不知人生究竟之佛乘及人心凡夫直接佛乘之佛的人乘”[②]。

太虚法师认为，在当时征服自然、发达自我之科学的人世，已打破向神求人天福报及向未有以前求外道解脱的心理，正须施行从佛本怀所流出之佛的人乘，来救济私欲横流、弱肉强食、战乱纷争的世界，并且可依人世为根基以进达人生究竟，显示佛教的真正面目。佛教的本来面目就是基于人世生活以进达究竟的大路。

---

①《太虚大师全集》第十四编《支论·人生观的科学（六　人生观的科学　三）》。
② 同上。

## 四、即人成佛的佛法真现实论的道德形上学意义

其一，以即人成佛的佛教真现实论重塑佛法在社会的合理性、至上性。

佛教道德形上学的首要条件就是佛法合理性，而佛法合理性又源于佛陀的开悟，源于众生追随佛陀教导也必能走上开悟之路。“对于佛教徒来说，至上知识的源泉在于佛陀的开悟，而佛教徒的这些知识又得自乔达摩佛的教导。如果诚实奉行，这些教导就足够了。”[①]“开悟主要在于依实相了解事物。如此的洞见没有对事相或事件的误解或增益，完全清晰并符合绝对实相。”[②]

从 1840 年鸦片战争到 1949 年新中国成立前，时间不过一百余年，但对中国历史发展来说，却是一个崭新的时期。这一时期的主要特点是西方势力和文化大规模进入中国。从文化上说，这一时期文化的核心问题不再是儒、佛、道三教关系问题，而转变成中西文化的冲突与融合问题。西方的各种近现代人文社会科学和自然科学技术大规模进入中国，动摇了以儒、佛、道为核心的传统文化格局。佛教由于失去皇权的支持和受到西方现代文化的冲击而不断衰微，被批判为厌世的、迷信的，佛法合理性根基被切除了。从伦理学角度来看，顺应时潮，坚守佛教根本精神，重塑佛法在现代社会的合理性，成为建构佛教道德形上学的首要问题。

---

①［英］哈玛拉瓦·萨达提沙：《佛教伦理学》，上海译文出版社，2005 年，第 15 页。

② 同上。

太虚一方面坚守佛教立场、佛教根本精神，坚守佛法修证、佛教智慧、佛教终极境界的超越本质；另一方面又以佛法契应重经验事实、实证分析的现代思潮，以现实主义界说佛法。佛法由佛教修证所成的无上遍正觉佛智被界定为究竟圆满的方法，佛教超言绝相的彼岸本体、真如实相被界定为本来如此、事实如此，究竟真相。世俗现实主义包摄在佛法现实主义之中。法师据此来说明佛法不是厌世、迷信的，甚至比世俗现实主义更究竟，以此为佛法争取合法地位，重塑佛法在现代社会的合理性。

太虚挖掘、彰显佛法理性精神、佛法兼有的慧解脱传统，以现代学术语言界说佛法，建立适应时代特别是世俗文化、理性文化的佛教信仰，去除佛教不合时宜的、迷信的内容，推动佛教信仰的理性化。另一方面，法师虽然用现代学术名词，从经验事实、实证分析的角度来界说佛法，但内里仍是佛教的思维、佛教的内涵。佛法的证悟本质上还是圆融思想与直觉思维，圆融境界的表达方式往往是非言说的、直观而非逻辑思辨的，获得方式是靠主体体悟的而非客观证成的。悟性语言与知性语言、经验语言与体验性语言存在必然对立；佛教所证悟的实相也是完全不同于具体现实世间的，而是建立在信仰与证悟基础上，既非世间又不离世间，既有既无，非有非无。

其二，以即人成佛的佛教真现实论确立人间佛教学理依据。

太虚开启佛教革新运动，力倡发达人生、福利社会的人间佛教。他所开创的人间佛教运动蓬勃发展，引起广泛的社会影响，但也招来教内外的质疑与反对。梁漱溟认为出世倾向为宗教的本来面目，佛教真精神是超越的出世追求，因此太虚人间佛教提法是不可行的，这种改造将使佛教变得不再是佛教。“佛教根本不能拉到现世来用的，若因为要拉他来用而改换他的本来面目，则何苦如此糟蹋佛教？我反对佛教的倡导，并反对佛教的改造。”[①] 印光等强调出世本质、超越追求为佛教信仰特质，担心、质疑太虚人成佛成、佛化世界的主张，以世俗理性文化去魅佛教的思路会导致佛教俗化，消解佛教信仰根基。因此，如何依佛理证明佛法人间化是可行的，而且是符合佛法本旨的，成为人间佛教思想建构的核心问题。从伦理角度来看，人间佛教的合理性，也是人间佛教伦理思想必不可少的理论依据。法师以五乘共法、三乘共法、大乘不共法总摄一切佛法，以大乘菩萨行为究竟圆满教法，融摄世间出世间诸法、大小二乘、大乘诸宗。太虚法师认为，佛法不是耽于出世而是世间出世间法、小乘大乘圆融互具，彼此相依，阶梯式推进的。法师更从根本上依即人成佛的佛教现实论说明佛法根本上就是由人乘而直接佛乘的人菩萨行，为人间佛教确立佛理依据。佛陀出世本怀，即显人生真相、趋人生究竟的佛乘；是以人生初行为根基修菩萨行而不断增上、最终成就的，是人生初行的增上与圆满；是由人菩萨位历经超人菩萨位以至佛菩萨位三个连续的、层次递进过程，中间不必经过天乘、声闻乘、独觉乘三个阶段，这三个阶段只是佛法应俗流传歧出的结果。在当时的社会社会正可恢复佛陀本怀，建设由人乘而直接佛乘的人间佛

① 梁漱溟：《东西文化及其哲学》，转引自《太虚大师全集》第十四编《支论・人生观的科学（六　人生观的科学　三）》。

教，并且救济时艰。

> 复以此佛教原来直接佛乘之人乘法，实为佛教适应人世最精要处，因向来受阻于印度外道及其各种宗教玄学或国家礼俗，未能发挥光大，致人世于佛法仅少数人稍获其益，未能普得佛法之大利益。在现代科学文化冲击下以往的这些障碍已崩析摇离，而人世生活又对此有急需，因此大力宣传、发挥佛教原来直接佛乘之人乘法，以施行到现在人世的生活范围里来。此本为佛教范围内事，而且只有将佛教原来直接佛乘的人乘法，发挥到现时的人世生活里以救济，才能最终解救现在的人世生活困苦危乱。[①]

其三，以即人成佛的佛教真现实论彰显佛教伦理旨趣，建设肯定人生现实价值的“积极佛教”。

佛教以人生本质为苦，破解人生苦难、成就离苦得乐的解脱境界为终极追求，而止恶行善的道德修持、如理如法的中道生活又是达到其超越境界的首要环节。因此，佛教具有鲜明的伦理特质，而人生解脱论可谓佛教伦理旨趣所在、佛教伦理精神的源泉。某种程度上，太虚即人成佛的佛法现实论是佛教人生解脱论的现代界说。他继承与彰显了佛教关照现实人生、重视道德修持的伦理精神，同时他契应时潮，将佛法界定为真现实论，使佛教由佛本转变为人本，从根本扭转了以往佛教以人生是苦的、消极的、

①《太虚大师全集》第十四编《支论·人生观的科学（六 人生观的科学 三）》。

破解人生苦难而成就超世解脱的范式，直接肯定人生现实的意义。他将佛法界定为证悟人生的终极真谛，教导人去恶从善、人生增上基础上的究竟完成。他倡导人成即佛成，将佛教终极追求与人生完成、道德完善合一，人间净土与世间净化合一。他将对人生持否定态度的“消极佛教”转变为肯定人生现实价值的“积极佛教”。佛果净土的终极追求既具有不同于世间的超越性，同时这种超越性又是人生社会不断改善、净化的完成，是超越性与世俗性的完全合一。

## 第二节 道德因果律

佛教依业报缘起与唯识转依界说去恶向善的必然性、可能性与路径，确立善恶果报的道德因果律。太虚以诸法因缘生唯识现为佛法根本意，融摄世出世法、大小乘诸宗，依因缘生法立融摄去恶成善世间善法乃至去染成净出世善法一体的道德因果律，依诸法唯识现从根本上说明了因缘生法的根源、内在原理、本相，确立了善恶因果相续的根据，完成佛教业报轮回道德因果律的现代转化，确立缘生互伴、唯识因果相续的两大道德标准。而且他还将悟妄求真、真觉妄空与转识成智、去恶从善融合一体，既坚守了中国佛教自性本觉、本具佛性、发明本心成就圆融境界的传统，又将其落实为唯识转依、去恶从善的过程，倡导立足现实人生的真修实证。

## 一、诸法因缘生与道德因果律

“诸法”：一切法的总称，主观与客观、现象与本体的一切都包括在内。法总分为有法、无法。有法即有为法（现象世界）、无为法（本体世界）。有为法包括心法，即精神现象；色法，即物质现象。一切精神、物质的现象，有为法都是因缘所生法；无为法就是有为法即现象世界的真实体性；无法就是有为法即现象世界未曾出现的过去或已消失的未来，或在此基础上的假想，如龟毛兔角。因此，因缘所生法虽是说一切有无诸法都是因缘所生，但又是以有为法为基础，专就有为法而言说的。

“众缘”：一切事物都不能凭空而有，必须凭借各种关系、条件。诸事生起所凭借的关系、条件即缘。一法生起不止一种关系，要凭借众多关系，因此叫作“众缘”。“众缘”可分为四大类。一、因缘：直接生起各法的各主要因。二、增上缘：诸法生起，除主要因外，其余一切相扶助而起的条件、关系。譬如草木，种瓜得瓜种豆得豆即因缘，水、土、日光种种即增上缘。诸法都要有此二缘才能现起，因此以上二缘，普遍存在于一切诸法生起。三、所缘缘：能思虑的心必须依托外境才能产生思虑的作用，因此此心所观的境为此心现起的条件。四、等无间缘：等者均等，即同类的意思。无间，就是中间无有间隔。眼识等（视觉等）心理现相生起，刹那刹那没有丝毫间隔；须前一念灭后一念才起，如前一念不灭而隔在其间，后一念即不能起。前一念为后一念生起的条件。后二缘，只在精神现象中存在，不关物质。每一法生起必须众缘备具，色法仅凭前二缘生起，心法生起必须具备四缘。

“生”：一法以前无有，因众缘和合今才现起叫作“生”。“生”包含四重含义：生，从无而有；住，存在；成，成就成立；得，从前没有现在才有。此四者都是由众缘集合而成。一切事物均因众缘和合而得生起成立。诸法因缘生根本不同于无因自然论等外道。①

因缘所生法，也可谓诸法因缘生，是佛法建立的唯一根本，其理最为普遍，通于五乘。世出世间法都是因缘所生，人天因果从此法上建立，又上通出世三乘。

（一）依三界五趣循业流转确立世间道德因果律

业即行为造作。身语意所起行为，即身业、语业、意业，就性质上有三种：善业、不善业、不能记其善恶的无记业。由业而受果报，获得罪报的业就是罪业，获得福报的业就是福业，获得色无色界天果报常在定中的业就是不动业。

界即指三界：欲界，色界，无色界。欲界，有肉体色身及五尘欲（财、色、名、利、睡）者；色界，虽有肉体色身，但尘欲已经不存在了，此界有四禅十八天；无色界，肉体色身也无的纯精神界，此界有四天。

佛教一般称六道（天道、人道、阿修罗道、畜生道、饿鬼道、地狱道）轮回，而太虚法师以众生生死流转趣向一处，称道为趣，又因阿修罗上通天道下通鬼道，而称六道为天趣、人趣、畜趣、鬼趣、地狱趣等五趣。三界二十八天，欲界六天，色界十八天，

---

①参见《太虚大师全集》第一编《佛法总学·判摄·诸法因缘生唯识现（一 诸法因缘生甲名义）》。

无色界四天，包于天趣之中。鬼趣之鬼与民间常言之鬼不同，佛典认为鬼是五趣众生之一。鬼与人因受报不同，二者能见、所见的世界不同，并且同处一处又见不到彼此。人们常常错误地认为人死为鬼、鬼生为人、鬼是实存的本体。从佛教看，有情异生即有情识的众生、凡夫，因罪业受报堕入三恶趣（畜生、鬼、地狱），因福业受报生人及欲界天（有六天），因不动业受报上升色界无色界天。鬼是众生因罪业受报而生的一趣，人可因罪业转生为鬼，鬼也可因福业转生为人，而并不必然人死为鬼，鬼生为人。

世出世间一切都是因缘所生法，而最关键也是最难理解的，就是业与界趣流转法。众生本由善不善有漏业，受报而得三界五趣生死流转，但人只能见到人及畜生二种，不能见到其余三种，而且人与畜生都是各自父母所生，不曾见到畜生与人互转的事实。由此，没有事实依据，轮回流转的理论难以确立，难以让人信服，特别是在重经验事实、重理性分析的现代社会更是如此。太虚法师专门依俗智与佛智的差别来解决这一难题：

从佛教来说，佛法是成就圣智的佛及阿罗汉等施化的教法。不同于执著外境，对外境分别、认识的世俗智慧，佛教圣智是以万物为观照，又不执著外物为有相的智慧，是破除分别心、贪执心，清净无染无分别智慧，是出离轮回、成就解脱的智慧。佛教圣智具有六神通——天眼通、天耳通、他心通、身境通、宿命通、漏尽通，所以能知随业流转五趣的事实。人因业报不同，障碍成就圣道的善根，只能看见人畜二趣的事实，如修道而有天眼通，就可以突破报障，见到天、鬼、地狱等三趣事实，还可能见到未来事。这些修行禅定的人，心中也会常常有所体验，然而还不完全。只有佛智圆满究竟，如同大圆明镜，万法无所不照，三界五趣生死轮回，才能明确了知。由此，世俗人们不能见此事实也不能证明它是假的、不存在的，而且人人依佛教修证都能获得圆满佛智，明了此事实。

太虚法师认为，依大乘佛智，不但诸趣流转的事实可以见到，其中原理也能彻底解释。佛教唯识思想重名相分析，最能与重实证、重理性的西学会通，因此，法师以唯识学阿赖耶识缘起、种子变现说来解释三界五趣轮回的根源、本相。阿赖耶识含藏万有的一切种子，前七识及其所对境像的种子都潜藏在阿赖耶识之中，前七识由阿赖耶识种子所变现，又依阿赖耶识变现相应境像，将阿赖耶识种子由潜在状态转换成外在现象、现行，此即种子生现行。前七识依阿赖耶识所变现的现行又进一步变现出各种现象，将经验认识进一步储藏在阿赖耶识中，熏习已有的种子，产生新种子，此即现行熏种子。这种种子和现行互为因果、互相依存、互相转化，就是阿赖耶识缘起、种子变现现象的总的轨迹、万有生灭的总根源。种子有业种与法种两种，法种就是阿赖耶识中显现一切现象的直接原因，业种是所作的善恶诸业熏习阿赖耶识种子，是人死后获得不同果报、三界五趣轮回的原因。

> 依此因缘所生法，即可明善恶因果律；以一切法虽因缘所生，没有实性，没有造作、受报的实我，然而循业受报又是真实不虚的。故造善的福因，定感人天的可爱乐果，造不善的罪因，定须受三恶道不自在

> 之苦果；因果昭然，丝毫不容假借。依此说一切否定善恶业报的邪说，不攻自破，而五乘共法之人天善法，以之成立。①

太虚法师认为，佛法三界五趣循业流转，是人天乘法、世间人生真相。世间善法，即止恶扬善，修积福德，上求成圣成贤，乃至上升天界。而只有明三界五趣生死轮回，对善恶因果确信不疑，去恶从善，才能获得人天福报，并且进一步增上，以致出凡入圣，完美人生。这不仅是信修佛法的根基，也是世间圣贤道德的根本。

> 三界五趣之业果流转，最不易知，然而也是最重要的。如不信此，则出世间之解脱生死流转法，也不能安立。须先知有此生死事实，再明生死之理，然后可以解脱，而成就三乘之圣道。②

（二）依因缘生法融世出世法一体并确立世出世善法一体道德因果律

从佛教来说，异生，即依人我执，执著自身实有、自他分别，生贪瞋痴诸烦恼，造作诸业而陷入三界五趣轮回的凡夫。圣者即破除我执，成就空慧，跳出生死轮回，获得解脱者。入圣位的最低限度，要将由分别心所起我执、人我执完全断除。执有二种：一、俱生我执，即法执，执著自身以外的外境为实有，而有所知

---

①《太虚大师全集》第五编《法性空慧学·义绎·因缘所生法义（三　以因缘所生法成善恶因果律）》。

②《太虚大师全集》第一编《佛法总学·概论·佛学概论 ·学理（第一章因缘所生法－第六节再论业与界趣之流转）》。

障，妨碍对佛法的理解；二、分别所起我执，即人我执，执著自身为实有，而有贪瞋痴等烦恼障。断有不同层次，由生空慧而人我执所起烦恼断尽，即证阿罗汉三乘共果。以法空慧对治法执所起所知障，断至究竟，即证大乘佛果。有生空慧不必有法空慧，有法空慧必有生空慧，生空慧是偏慧，法空慧是圆慧，这是说空慧有偏圆浅深差别。断我执成就空慧而证出世圣果，因能断之慧有偏圆浅深差别，圣果相应有小乘四果、大乘十地及佛地的差别。

出世之道及圣果与三界五趣轮回一样都是因缘生法。出世之道虽根本不同于生死流转的世法，但也是以成佛种姓、圣种姓为因，以出世三乘共法与大乘不共法为缘，以人天业果为阶梯而成就，仍是因缘所生法。

> 道与圣果及业与界趣，俱是因缘所生法。凡此皆因缘所生法。虽出世之道，亦须有种为因，有佛之教法为缘，以人天业果为阶梯，故其所成圣果，仍是因缘所生法也。[1]

> 有圣种姓者，即声闻等三乘，能增长而得圣果。能修五戒行十善，则可得做人之福报，亦可为证出世圣果之阶梯。在持戒修禅定者，即可得天之福报，为出世无漏种发生之增上缘，亦是阶梯。故人天所修诸戒定行，皆可为出世圣位阶梯，而有圣种姓者，则可

①《太虚大师全集》第一编《佛法总学·概论·佛学概论·学理（第一章因缘所生法－第五节成圣之道）》。

以人天法为其阶梯也。[1]

从佛教来说，因缘生法，刹那生灭，诸行无常；有情众生只是五蕴和合，并非实有自我主宰，诸法无我；择灭由我执所起烦恼障而去除生死，涅槃寂静。此三法印是印证一切佛法合与不合的标志，是声闻、缘觉、菩萨与佛三乘共修的出世法。明因果，发向上增进心，是修学佛法的基本，但只有向上增进心，在世间如何增上都跳不出生死流转。从佛教来说，必须信解三法印，信解诸法和合相续而无我体、根本是苦，断除三界贪爱，生出离流转心，生我空慧，证得我空真如，才能出离生死流转，超凡入圣。依出世三乘共法，出离无始流转烦恼业生，获得解脱，即出世法门。出世三乘共法就是成圣之道，阿罗汉、辟支佛、佛就是三种圣果。

大乘不共法，即一实相印：一切法自性空，一切法唯识现，一切法大总持。此一实相印是佛菩萨所修的大乘不共教法，是佛陀教法的圆满境界。信解三法印，生出离流转心，只是自求出离。只有信解一实相印，见众生皆苦，发普度成佛心，普度大众究竟出离，终证法界圆明。信解缘起即性空，生大乘空慧，不住世间又不出世间，明白一切诸法平等、皆自性空、自性涅槃，生普度一切众生无自他分别心。信解一切因缘生依他起有为法皆是唯识变现，此能变所变一切法中所显本来如是的真如性即唯识显现，能不离自识而发同体大悲心，广修普度一切众生行，转识成智，

---

①《太虚大师全集》第一编《佛法总学·概论·佛学概论·学理（第一章因缘所生法－第五节成圣之道〈三人天阶梯〉）》。

证见真如成无上菩提。信解诸法缘生互伴，一即一切，一切即一，即身即佛，利乐众生。太虚法师认为，大乘不共法是佛陀教法的圆满境界，以此才能修证真如菩提，成就究竟佛果。

太虚法师认为，出离生死流转，超凡入圣，以至成就佛果，又是以人天业果为阶梯的。即明了因缘生法，对善恶因果确信不疑，从而发向上增进心，依人天善法止恶扬善，成圣成贤，修积福德、禅定，上升天界，乃至证出世圣果。向上增进心，不但是信修佛法的根基，也是世间道德的根本。向上增进心的完成即求出世圣果，而出世圣果又依人天善法，向上增进为基础、为阶梯。

> 三心辗转相依，由向上增进心方有出离生死流转心，向上增进心为阶梯才可发起出离心，大乘成佛心，若无出离流转心，则不能誓求究竟成佛心，三心次第相依，若无前二心必无后心。[①]

世间出世间一切法均是因缘生法，人天因果都从此法上建立，并通出世三乘。太虚法师依因缘生法发明世间真相，以信因果止恶扬善的人天乘法界定世间善法，并将其作为信修佛法的根基纳入佛法体系。认为世间善法是出世善法的阶梯、基础、应有之意，出世善法又是世间善法的终极目的。以佛法界定世间善法，并将世间善法作为佛法的基本环节、有机构成部分，赋予世间善法神圣性，也把出世善法还原为世间善法的扩充、完成。太虚法师认为，信因果止恶扬善，好好做人，保持人乘业报，不断增上，以致出世解脱，成菩萨做佛，是人生的目的。即做良善的人是成菩

①《太虚大师全集》第一编《佛法总学·概论·佛理要略（四　结论）》。

萨作佛的阶梯，成菩萨作佛是人的完成、人生的终极意义。

（三）依大乘圆澈的因缘生法确立究竟圆满道德因果律

因缘生法是佛法最根本的、最普遍的教法，遍于五乘，为世出世五乘之共学，但有圆澈与不圆澈之别。小乘被认为是不圆澈的因缘生法，我空，法有，深者可通于大乘法，浅者可通于人我皆有的人天乘法。

> 众缘生义，为佛法最普遍之义，大小乘共明之。但有圆澈与不圆澈之别，因不明此义者即非佛法故也。小乘古分六宗，然约归于法有我无（神我无、蕴入界有）。以有情众生为蕴集合故无神我，以蕴等法为有自体故有。不知诸法既以众缘和合而起，无自体明矣。此其所以尤为不圆澈也。不圆澈之诸法生义，可以包括一切小乘。然亦有深（近于大乘、但不究竟）浅（通于人天乘、主我法皆有）之分耳。[①]

太虚法师认为，大乘佛法是最圆满究竟的因缘生法，缘生即性空，性空即缘生，我法二执完全断除，没有任何法有单独存在的实在自体，一切法都依众缘具足而得生起或成就及存在。须众缘具备以生起的万法，每以一法为主因，其余诸法为助缘，必须主伴关系（主因助缘）全备才能生成、存在。每一法都可完全融摄、包含一切法；一切有无诸法，任一法都可以为主因，而又可以成为构成它法的助缘，层层相摄，不可分离。万法虽各有生灭相，

①《太虚大师全集》第一编《佛法总学·判摄·诸法因缘生唯识现（一　诸法因缘生）》。

各有同异，但又是主因助缘相摄互入，一即一切、一切即一的。

太虚法师认为，大乘佛教圆满中正的因缘生法，是佛教的本质，依此而确立佛教究竟因果论。唯有依此佛教因果论，以平等无碍的佛教圆融思想处理国民道德建设中自我、他人、社会三个维度的关系，将个己生命的繁荣发达与公共团体社会国家事业的发达繁荣合一，才能从根本上重塑人心，完成民族、国家的振兴，乃至世界的和平。

> 且今中国精神总动员的目标是："民族至上，国家至上；军事第一，胜利第一；意志集中，力量集中"。若能正信此所说因缘生法确为普遍的真理，举国家民族为主，则遍摄遍入一切以为伴，历之三世无不通，行之十方无不准，民族国家乃能真成其至上。而军事胜利之第一，亦得成真实无谬；思想能力不期其集中而自无不集中矣。"苟非至道，至德不凝"，世间的英雄豪杰，往往中途消极，不能永久真积极，若能定志于此竖穷三际横遍十方的因缘生法真理，必能建成万古不朽之功业。[①]

他认为近代文明的本质即以科学制用自然，求得个人自由发展，而这正是人与人、国与国之间弱肉强食的根源，"因此、近代文明发达的结果，造成阶级与阶级斗争，国族与国族斗争，人类间发生种种互相矛盾的斗争；同时、也正是显示出近代的文明，

---

①《太虚大师全集》第一编《佛法总学·判摄·万有皆因缘所生（五　结论）》。

已走到了局道相斫的末路！”[①] 因此他认为，只有依此佛教因果论，以平等无碍的佛教圆融思想处理人与人、国与国、民族与民族之间的关系，才能从根本上解救人类困境，达到世界的安康。

佛陀就是由十二因缘而证悟世间生死轮回苦的根源与出离之道。“缘起法可谓佛教全部理论的基石，也是佛教道德形上学的第一原理。佛教依此有伦理意义上的关系性思维，建构佛教伦理基本原则。”[②] 缘起法否定有永恒不变实体，主张万法生灭都是因缘聚散，确立了佛教关于人与人、人与佛、人与社会、人与有情众生、人与环境（器世间）及形与神等相依相生的因果关系思维模式。缘起法以众生由无明爱欲而造作诸业陷入三界六道生死轮回痛苦的流转缘起法解释世间苦及原因；以去除无明爱欲消除诸业，由此辗转而至超越生死轮回的还灭缘起法解释离苦得乐，达成道德理想的方法。缘起法基础上的业报轮回观建立起佛教善恶果报的道德因果律。它从人们行为善恶果报角度，解释了现世生存状态原因，指示人们应当的行为、今后发展的趋势，以恶道警示世人如何避免其中，以善道告诉人们趋善的方向。缘起法以流转缘起、还灭缘起包摄生死轮回的世法与出离轮回的出世法，世与出世二者又是相即相离的不二关系、一体关系。小乘只有三界六道轮回；大乘又在六道轮回基础上增加趋向涅槃道，发展为四圣六凡的十界（佛、菩萨、缘觉、声闻、天、人、阿修罗、鬼、畜生、地狱十界，前四界为四圣，后六界为六凡）；中国大乘佛

①《太虚大师全集》第九编《制仪·僧制·建设现代中国佛教谈》。
② 董群：《缘起论对于佛教道德哲学的基础意义》，《道德与文明》2006年第1期。

教进一步发展为万法圆融无碍（万有都是因缘和合而生，没有永恒不变的自性。万有存在又不是真实的存在。性空，又不是绝对的虚无，是即有即无非有非无的假有、幻相。缘生性空，即有即无、非有非无的中道实相即万有的本体、众生成佛的根据。万有都是因缘和合、迁流变化的生灭法、分别相，但从根本上又是没有分别、完全平等、彼此互具、圆满具足如实相的。宇宙万有既千差万别，又相互交错、相摄相入，一即一切，一切即一），众生即佛，生佛不二（无一众生不具如来智慧，众生与佛无二，众生与佛的区别，只在于迷悟的不同。迷真起妄即众生，离妄悟真即为佛），十界互具（十界不是彼此隔绝的，每一界都同时具有其余九界）。但是业报轮回的世法与出离轮回的出世法又是根本不同的，是两个本质不同的世界。

太虚继承缘起法融摄世出世法，为佛法根本意的传统。他主张因缘所生法，也可谓诸法因缘生，是佛法建立的唯一根本，其理最为普遍，通于五乘，是五乘共法。世出世间法都是因缘所生，人天因果从此法上建立，又上通出世三乘。他以因缘生法确立融摄去恶成善世间善法乃至去染成净出世善法一体的道德因果律。创新之处在于，他以有为法即世法缘起为基础界定因缘生法为诸法缘起，以三界五趣轮回为世间真相确立去恶行善世间道德的必然性、合理性，并将世间善法作为出离轮回成就佛果的根基，出世善法虽也具有不同于世法超越性，但又是以世间善法为根基的增上完成。他将缘起法的重点落实在世间善恶轮回，而且不同于以往业报论倾向于后世果报、后世死得好，这里更突出后世的一切取决于当下人生的所思所为，更突出现世人生诸业净化提升、道德的当下把握。

太虚以三界五趣业果流转为缘起法的核心，认为其是世间道德建立的根据，也是出世善法以致成就佛果的根基。然而三界五趣业果流转法包摄前生后世、鬼神地狱及众生依因果业报的互转，与注重经验事实、理性分析的现代社会是不相合的，而且在流传的过程中还夹杂了浓厚的宿命论、迷信色彩。因此，如何发明三界五趣轮回本意，坚持佛法信仰立场，剔除宿命论、迷信因素，消除人们对它的偏见误解，更重要的是会通现代思潮、理性解读它，让现代人接受并信奉它是至关重要的。法师指出三界五趣轮回法最不易知，也是最重要的。他依三界五趣轮回本意，厘清生与死、鬼与人的关系，以破除人们有关人死为鬼、鬼生为人、认鬼为本体的误解。三界五趣轮回虽讲业报，但业报不是对过去一切的消极承受，而是强调人的自由意志，即过去的业也可依现在的业识而受果报、变转，将来的一切也依现在的业识而变转，前世、今生、后世都实实在在掌握在当下个人道德生活中。他所确立的善恶果报因果律是根本不同于否定道德意义的无因自然论、神灵主宰的神创论，也不同于消极宿命论。他彰显三界五趣轮回观的原本意义，以唯识转依说明其理论根源，从既有既无中道角度将其与唯物一元论及唯心论比较，认为虽不能用肉眼依世俗方法感知，但依佛法修证所得认识方法却是可以真实感知的。依此，法师发明佛教本意，适应当时社会将三界五趣轮回界定为生死事实、世间道德合理性的根基。

缘起法是佛法根本意，有自身的演变发展历史。原初佛教缘起法主要是侧重以十二因缘分析人生，最高追求就是以缘起法破除无明我执，断贪欲跳出轮回得解脱。原初佛教缘起法没有明确讲空，但也包含了缘起性空；大乘明确讲缘起性空，上升到宇宙本体论，并依此立出世不离入世的实相涅槃、自度度他的菩萨信仰。中国大乘佛教真如缘起、法界缘起（真如、真心、一真法界等，是超言绝相、清净无染的本体与众生成佛的根据。万有都是此本体的体现，本体唯有通过无明缘起方能显现。随缘显现森罗万象，从根本上又是缘起性空，没有性相、形体等差别的）进一步将缘起法发展为万法圆融，一即一切、一切即一，众生即佛。法师对佛法的判摄是以大乘佛教尤其是中国大乘佛教为本位的，他也是以此立场，以缘起法融摄世出世法，确立道德标准的。他以破我执成空慧为佛法最高追求，以缘起法为融摄大小乘、世出世法的佛法根本意，但又有圆澈不圆澈深浅的区别，以相信三界五趣轮回行善做良善人的世间道德为人乘法；以小乘只认识到人无我、求自我出离解脱为连通人天乘与大乘的不圆澈的因缘生法；认为唯有大乘法达到人我法我皆空、自他无别，追求成菩萨作佛的境界是最圆澈的因缘生法。由此确立自他社会一体的自利利他为最高道德标准。

## 二、诸法唯识现与唯识因果相续论

### （一）诸法唯识现

事事物物因缘所生，然而在此众多因缘变化中又都以心的力量为转移，心力也为众多因缘所生，即诸法因缘生唯识现。

> “唯识”识包括一切心心所法，心起定有心所相应起故；即通常所谓心，故唯识又名唯心。[①]

识即心，心又包含心识（心王）及心所有法，二者是二而一的体用关系，心所有法是心识（心王）的精神活动、心理活动，不能自有，随心王有，与心王相应不离。心识又分两类：一、不恒行识，间断而不相续的，即指眼耳鼻舌身意前六识。眼耳等前五识，就是和五种感官相应的识，是单纯感觉作用。第六识，能对内外之境和过去、现在三世生起了别，表现为推理、判断、记忆等作用，又有四种类别。五俱意识，是与前五识同时而起，令五识明了分别的意识。定中意识，是与禅定相应而发生的意识。独散意识，是单独生起的回忆、想象、预想等意识。梦中意识，梦幻朦胧中唤起的意识。后三种意识都不与五识俱起，是意识的单独活动，因而又通称独头意识。二、恒行识，无一时不现起流行的，即末那识、阿赖耶识。末那识既以阿赖耶识为依据，又以其为对境，不断地进行思量，执意为我，并把自身的思量作用来影响、制约第六识的活动。第六识以第七末那识为依据，对境进行推理，由于末那识对阿赖耶识的执著，使它不能了悟一切现象是所变，而误以为心外有物，造作善恶诸业。阿赖耶识，含藏万法种子，是一切众生的根本心识，是产生一切现象的根源。第八识为根本识，前七识都是它的转变，又名转识。

心识是精神活动的主体，各自与其所对境界相接触而形成分

---

①《太虚大师全集》第一编《佛法总学・判摄・诸法因缘生唯识现（一　诸法因缘生）》。

别虑知的作用。心所有法即心在发挥作用过程中所引起的各种心理活动、精神现象。太虚法师认为，现代哲学、心理学等对于心识有一定的了解，但终究是相对的、有限的，不究竟、不完满的。五识不是五官的知觉，但又依五官而现起。平常人们所研究察觉的意识、知觉等，也仅仅是散位独头意识，是不与前五识同起的、单独意识活动的一种，并非意识全部。太虚法师认为，现代心理学所研究的重大问题——潜意识，即"无意识之精神作用"，即有恒行二识的意思在内，在佛法中早已彻底了知了。他以佛教唯识论为本位，但又在与现代哲学、心理学比较研究基础上分析心识，为其增添了不少现代要素、理性色彩。

心所有法包括：遍行五种，周遍行起于一切心识的五种心理活动，一般心理活动，作意、触、受、想、行，即心识与相应境界接触而形成的注意、感觉、感情、概念、意志等认识活动。分别境五种，对个别特定的境界生起的五种心理活动，特殊心理活动，欲（希求）、胜解（殊胜了解）、念（记忆）、定（专注而不散乱）、慧（简择分别，决断疑念）。善十一种，与一切善心相应俱起的十一种心理活动，信、精进、惭、愧、无贪、无瞋、无痴、轻安（身心轻适安稳）、不放逸（专注于修善去恶）、行舍（不动心）、不害（仁爱不杀），其中无贪、无瞋、无痴是三种根本善性。烦恼扰乱众生身心，使之迷惑、苦恼、不得寂静的心理活动，有六根本烦恼，贪、瞋、痴、慢、疑（对佛教根本学理怀疑）、恶见（违背佛教义理的错误见解）。二十随烦恼，随从根本烦恼而起的烦恼：忿、恨、恼、覆（掩盖自己过错）、诳

（欺骗）、谄（阿谀曲媚）、憍（倨傲凌人）、害、嫉、悭（吝啬心）、无惭、无愧、不信、懈怠、放逸（放荡纵逸）、昏沉（昏沉蒙昧）、掉举（轻躁浮动）、失念（对以往的事情及所修善法不能明记）、不正知（错误认识）、散乱（心思散乱，不能专注）。不定四种，善恶性质不定，需取决于同何种心理发生联系而后定的四种心理活动，睡眠（心处于暗昧状态）、恶作（悔）、寻（对事理粗劣思考）、伺（对事理细密深入思考）。

太虚法师认为，佛教分析心理活动在于作为修养身心的借鉴，以增长智慧，达到人生的解脱，所以特别重视对特殊心理的分类和分析，其中对善良心理和不良心理的论述最为详尽。佛教心理学与一般心理学不同，是偏重于道德心理学的阐述和应用。太虚同样是从善恶的角度来界定、分析心所有法的：遍行、别境是非善非染，善十一种是善法，六根本烦恼、二十随烦恼是不善，无记性、不定四种是善恶不定。

> 唯者、不离义、一切不离识曰唯识。何以故？以色法为心之变现，即心之相分；时间、空间等为心心所色法上假立之分位，真如为心等诸法中所显之平等实相；均不离识，故名唯识。①

唯，不离的意思，唯识即一切不离识。以五位百法摄尽一切法，依心法、心心所有法、色法、不相应行法、无为法的次第转依说明万法都是从心识转变而生，不是离开心识而有独立的自体。

---

①《太虚大师全集》第一编《佛法总学·判摄·诸法因缘生唯识现（二　诸法因缘生－甲　名义）》。

色法即由心法变现、识别的外境、物质世界；不相应行法，不是离开心心所有法色法而独自成立的，而是借前三法差别而成立的时间、空间、次第等；心心所有法、色法、不相应行法都是缘起法、生灭法，统称有为法；无为法，不是因缘和合而生的，是不生不灭的，不能自己显示，要借前四法“断染成净”而显示。

此唯识现之现义有二：1. 变现，2. 显现。[①]

凡色心等有为法，皆由识变现而起，即兼变现显现二义。真如、唯根本无分别智相应之心心所法所显现，则但显现义。[②]

唯识现的现有两层含义：一、色心等有为法，都是杂染识、分别心所生起，即唯识变现的；二、一切法中所具本来如是的真如性，唯根本无分别心、根本智所显现，即唯识显现；总称一切皆唯识现。

太虚法师继承大乘瑜伽行派诸法唯识的基本理论，即万法都是心识转变而生，不是离开心识而有独立的自体；万法中心法最要，心的修持不同，或堕生死轮回，永生痛苦，或证涅槃，得到解脱。法师认为此是最究竟显了的诸法唯识思想，西方哲学也有此思想，但没有佛法究竟圆满，全部佛典都含有此思想，只不过有显了与不显了的区别。如十二缘起法即无明缘起，由六识上迷事迷理的无明而发起，包含唯识现思想；制心一处无事不办，出于《佛遗教经》，也包含一切事唯识现成的思想；只不过这二者

---

①《太虚大师全集》第一编《佛法总学·判摄·诸法因缘生唯识现（二　诸法因缘生－甲　名义）》。
② 同上。

虽有此思想，但不究竟显了。真如即无分别心、净智所显诸法实相本体，真如缘起，非真如起，而是迷悟之心起，即分别心、杂染心变现有为生灭法，真心净智所显诸法实相，即唯识变现义；如来藏即第八识所含藏如来无漏清净功德种，《起信论》说藏识有觉不觉义，即心的染识净智，依觉义上起清净法，不觉义上起杂染法，即唯识变现义；真界或法身即佛果上之识，有漏尽空圆满无漏清净的阿赖耶识，真界或法身缘起即佛果唯识变现义。太虚法师认为，以上五种，虽都有诸法唯识现的思想，但都不完全显了。

（二）唯识因果相续论

因缘生法是佛教根本法，诸法唯识现从根本上说明了因缘生法的根源、内在原理、本相，“即空中幻起之因缘有法，亦即因缘生法之究竟义”[①]。依因缘生法立容摄去恶成善世间善法乃至去染成净出世善法一体的道德因果律，诸法唯识思想进一步宣示这种因果相续的道理。“由种子依持说到藏识，以成立万法唯识，使众生循之修行，渐去凡劣而臻至善净佛圣；明有善因必可成善果。”[②]此唯识因果相续论确立了向善的终极标准，阐述了跳出生死流转、转凡入圣的根据及修证路径。

1. 人生向善实现生命价值的根本所在

人生都以为有自我，然而自我之性，是仅限于此生，还是不会随人身消亡，永存无穷呢？如果自我随人死而消失，那么几十

①《太虚大师全集》第一编《佛法总学·概论·佛理要略（三　大乘法——普度成佛心－乙　一切法唯识现义）》。
②《太虚大师全集》第一编《佛法总学·判摄·万有皆因缘所生》。

年不是白活了吗？为善成仁还有什么价值呢？于是人们从宗教、伦理、哲学等角度出发，解决这些难题，为人生树立自我价值永存的根据、至善永存不灭的标准，以实现人生向善价值。神学以神为创生的至上、终极的根据，人依附于神，培植为善之道德。太虚法师认为，神学虽一定程度给人生以精神慰藉，但“以法相之理观之”[①]，这种“神权至上”[②]“舍自作自受之理于不顾”[③]的说法是站不住脚的。他认为唯有契合法性本空与法相唯识的唯识学，才能依“本空之常如”[④]“唯识之转依”[⑤]究竟达到“善之价值永存”[⑥]终极标准。

法性明万法本空，了无隔碍，常是如此，普遍如此，故曰诸法空相，不生不灭，不增不减。亦无生死苦恼可脱，以万法本空，本无生灭增减故，故曰：本空之常如。[⑦]

诸法之本性虽空，然诸法之现象，仍随因缘之合散而变现；一切法皆依识，故可从识而转之也。凡不圆满之有漏法既依识所变，即此不善不圆满所依之识，改转之使为觉悟而圆满，佛典谓为转识成智，则达善

①《太虚大师全集》第六编《法相唯识学·义绎·法相唯识学概论（二　法相唯识学之由起－乙　出发于存善之要求者）》。
② 同上。
③ 同上。
④ 同上。
⑤ 同上。
⑥ 同上。
⑦ 同上。

之价值永存之极则矣。[①]

因缘所生法，自性本空，而自性空不否定，并且包摄了众缘和合的法相有，而法相以唯识为宗，唯识所现。法性本空与法相唯识一体两面，性相不二，由此而推究万有的本因及其体质，究竟实相才能成立。万有自性本空，皆因缘所成法，唯识所现，而其实相本自清净无染，不生不灭，不增不减。一切皆依识现，也可依识而转。生死苦恼诸法都是杂染识所变现，改转此杂染识为无染清净智，则可达到清净无染、圆满究竟人生实相，觉悟成佛。太虚法师认为，人生的终极追求即转识成智、转染成净、觉悟成佛。转识成智、转染成净即去恶从善的过程，圆融境界、觉悟、无漏、净即至善，善的完成，也是道德源泉。法师依“本空之常如”“唯识之转依”说明人生实相，确立人生向善实现生命价值的终极根据，依此来评判世俗、宗教诸说的优劣。依佛法，万有没有不是刹那生灭、善恶因果相续的存在，非有非无，即有即无。法师对世俗、宗教诸人生观的评判也是遵循了这一基本思路。

2. 信因果，从善去恶，成就人天福报的根据

从佛教来说，众生的生命不限于一生一世，而是在三界五趣中轮回流转，这是前六识所造诸业之业力摄持的结果。前六识依眼、耳、鼻、舌、身、意六根，接触、迷执器界六尘色、身、香、味、触、法，由染污心而造作或善、或恶、或非善非恶诸业。此诸业具有创造力，即引导力、范型力，第六意识最强，“现在之

---

①《太虚大师全集》第六编《法相唯识学·义绎·法相唯识学概论（二　法相唯识学之由起－乙　出发于存善之要求者）》。

报体，乃由以前前六识业为引生力及范型力而成，由此而有各个各类之不同生命，此种引生力、范型力既尽，遂尔散没，他种之引生力及范型力势增，遂尔现起后期之新生命。所谓生起死灭者无他焉，不过引生及范型之业用起尽耳”[①]。生死流转都是心识业力摄持的结果，一切善恶行为都由心念发动主宰，从善必有善果，从恶必有恶果，唯有净化心念、从善去恶才能求得人天福报，而止恶扬善根本要在心念上着力，由此为善去恶的佛教道德律得以确立。

3. 破我执，了脱生死，转凡入圣，圆满人生，成就至善的根据

太虚法师认为，缘生性空的诸法真如实相，超言绝相，而缘生识现的法相，则有染净的区别，有凡圣分化。

第七末那识依第八阿赖耶识为依据，为对境，迷执为我，而生贪瞋痴等烦恼障；第六识以第七末那识为依据，对境进行推理，由于末那识对阿赖耶识的执著，使它不能了悟一切现象唯阿赖耶识所变，而误以为心外有物，而有法执，生起所知障。从我法谬执所生惑障，造作身语意诸业，因有限量之业招有限量之报，而有生死流转。能将我法谬执去掉，就能解脱变坏的业报，成就四智菩提的大圆满觉，转凡入圣。太虚法师认为，只有净化心识，转一切染成一切善，最终转染成净、转识成智，达到圆满无漏清净的最高圣果才是真自由、绝对善。

①《太虚大师全集》第六编《法相唯识学·义绎·法相唯识学概论{三　法相唯识学之成立－乙　法相唯识学能成立之故（10 前六识业与八六识报——生死问题）}》。

4. 唯识转依，去恶从善的修证路径

> 须用何种工夫，改变之成为圣果也，故有修证问题。盖假使不能真修实证，不惟成为空谈而已，即前说须依修证所成之理论，亦将随之而根本推翻也。[①]

以阿赖耶识为根本的八识互转是万有生成、众生生死流转、转凡入圣的根基。众生转识成智、转染成净即可了脱生死烦恼，获得最终解脱，归于至善。具体修证路径：四寻思引四如实智与五重唯识观，即由心理改造为起点，进而改造生理、物理，以致万有，证悟真如实相，成就万法圆融无碍的最高境界。

> 四寻思引四如实智与五重唯识观，即明由心理改变心理，次由心理改变而到生理改变，再由心理生理改变而到物理改变；及至宇宙之现象，皆即无分别之真如，而成为自他互融彼此无碍之宇宙。换言之，即成为不可思议之事事无碍法界也。[②]

太虚法师认为，人们往往把以名言、概念所表示的认识对象，视为各有自性差别的客观事实，是实存的。以这种错误的认识指导行为，就会产生种种颠倒，招致种种情感上与心理上的痛苦。事实上，名与事实同是心的所变境，事实即认识对象由心识变现，又通过心识了别而形成名。名不能表示事实本身，名与事实二者绝然不同，每名每事的自性及与他物的差别都并非真实存在而是

---

①《太虚大师全集》第六编《法相唯识学·义绎·法相唯识学概论｛三　法相唯识学之成立－乙　法相唯识学能成立之故（14 净唯识行与净唯识果——修证问题）｝》。

② 同上。

依识假立的。如实思量名、事、自性、差别，真实了知其性相，即可破除妄执引生四如实智与五重唯识观。四如实智即转八识而成四智，是通过心理训练、意识改造依次对治八识中的不同识而后成就的。（1）前五识成为成所作事智，此智慧使前五识的感官欲望和感性认识破除干净，（五识净化）专心从事身口意三业中的善行，成就自利利他的妙行。（2）第六意识成妙观察智，这种智慧转变第六意识的活动，专心观察各种事物的自相与共相，证悟事物实相的妙理。（破除法执）（3）第七末那识成平等性智，破除第七末那识的我见，转而以无分别的观点观悟一切事物，证得自他平等的妙理。（4）第八阿赖耶识成大圆镜智，这种智慧转变第八阿赖耶识如大圆镜一样，体性清净，毫无杂染，能够照彻万物，显现众生的善恶业和获得功德。引生四如实智可成就四智菩“即将杂染界之八识，成为正觉界之四智也”①。

五重唯识观，即由浅至深的五种层次的唯识观想方法。首先去掉遍计所执法，即破除诸法实有的妄执，观想依他起自性的唯识法相与圆成实性的真如法性，即缘生识现的一切现象及不生不灭、不增不减真实不虚的真如实相。其次在依他起自性、唯识法相上，远离遍计所执自性的谬误，去掉对一切现象的虚妄分别，由此获得对一切现象的最完备最真实的认识。由相分（心识所现的影像）到见分（心识对相分的思虑、分别）到自体分（心识本体，心识的自我反思、证知）到心王到八识，八识心王仍是互相

①《太虚大师全集》第六编《法相唯识学・义绎・法相唯识学概论｛三 法相唯识学之成立－乙　法相唯识学能成立之故（14 净唯识行与净唯识果——修证问题）｝》。

相对相依而有，彻底追究则一切皆如幻如化而无实体，由此显现究竟真实、唯法性平等真如，舍相依相对的虚妄相，才为真实存在，在理解依他起性自性、唯识法相的基础上逐渐加深对现象本质的认识，在宗教实践道德修证上逐渐完成从杂染到清净的转变，达到究竟圆满。

成就四如实智与五重唯识观即可转识成智、转染成净，成就万法圆融无碍的佛果，成就涅槃、四智菩提。佛教终极追求是超言绝相，由心识转依，超越分别了知的认识，依靠直觉证悟而达到，而心识转依又是以心理、意识改造为基础。“然此改造入手，首由心理之训练，即先从意识上改造。”[①] 法师还以现代认识论、逻辑学来阐述心理训练：“此种心理训练，略同符号逻辑。”[②]

转染成净、转识成智又是以净化五识身口意善业行无漏行为起点依此进行，从善去恶即由染达净的转识成智过程，转染成净转识成智即善的完成。甚至人生世界的永久安乐，也只有通过转识成智、转染成净成就。

> 四智菩提之大圆满觉，才是至善之地；能将诸法性相如如了知，能转一切染成一切善，人生意志之愿望，才能满足。[③]

> 安乐有久暂之殊，小康太平时代，或近代为最大

---

①《太虚大师全集》第六编《法相唯识学·义绎·法相唯识学概论{三　法相唯识学之成立－乙　法相唯识学能成立之故（14 净唯识行与净唯识果——修证问题）}》。
② 同上。
③《太虚大师全集》第六编《法相唯识学·义绎·法相唯识学概论（四　法相唯识学之利益－丁　满足心性之意愿）》。

多数人谋最大幸福之社会主义国家，皆有限业力所成之有限安乐而非永久。盖世界一治一乱，人生苦乐相寻，况国家不能有存而无亡，人生世界不能有成而无坏，仅以目前为限，尚何价值之足云！故必至净唯识之四智，成大菩提，方成就永久之安乐。①

太虚法师认为，唯识修证即由心理、意识的改造，唯识三性的观想而转染成净，转识成智，证悟真如实相，成就万法圆融无碍的最高境界。而转染成净、转识成智又是以去恶从善为基本内容，是它的究竟完成。因此他强调要依境起行证果，依此佛理起六度利他行或总持诸行为一行的禅观、一心念佛、一心三观等。他重视以大乘六度利他菩萨行为核心的宗教修证、道德实践，认为各具特色的各宗修行实质都是以此究竟佛理为指导，追求清净无染智慧圆满、了脱生死的解脱境界为目的的六度行。

5. 悟妄求真、真觉妄空与唯识转依、去恶从善

包罗万有，唯是一心；即此一心，融贯凡圣，而能任持一切法之种子，及有情、无情之根身、器界，故又名阿陀那识。此识非真非幻，全真全幻，为真幻之所依，通于佛位、众生位者也。遍持诸法，唯一真心，故亦谓之一真法界。一者、绝对待，真者、无变异，为一切法根本依处，至佛果上之离垢清净地，又名庵摩罗识，此识圆满清净离染污法，乃无漏智相应之真

---

①《太虚大师全集》第六编《法相唯识学 · 义绎 · 法相唯识学概论（四　法相唯识学之利益 – 戊　成就永久之安乐）》。

> 净一心也。此真净一心，在众生位名如来藏，至如来地始能究竟证明显现故，在众生位含藏在众生心中故。表此一心非虚妄故、曰真，无变异故、曰如，真如云者，的指此一心之性体。上言阿陀那识、庵摩罗识、一真法界等，虽同一体，随相异名。①

阿赖耶识含藏万有种子，通凡圣。此识为即真即幻非真非幻为真幻所依。因其是诸法所依处的本心、真心又名一真法界。在佛果上为庵摩罗识，在众生位名如来藏。而“圆满清净，离污染法”的无垢识、净心即如来藏本觉心。真如即阿赖耶识不变真实性体，真如缘起，一心二门即“依真有幻、全幻即真之唯识”。一心二门即万法唯识现，阿赖耶识染污而变现一切生灭无常的世间万法，修证成就阿赖耶识清净体则真如实相显现。真如是阿赖耶识真实不变的性体，万法的本体，成就万法又不离万法。

> 惟此一心，通一切位，依真有幻，故曰一心生灭；全幻即真，故曰一心真如。②

依此，悟妄求真，真觉妄空即转识成智，契证真如。

> 上来反覆推阐唯识观之理，不外于从妄而显真、即真而空幻，以归到真幻一心、一心真幻之实相。是实相虽一，而观非无渐次。③

---

①《太虚大师全集》第六编《法相唯识学·义绎·唯识观大纲（三　依真有幻全幻即真之唯识观）》。

② 同上。

③《太虚大师全集》第六编《法相唯识学·义绎·唯识观大纲（六　五重层次之唯识观）》。

循此观想，夫亦可以悟唯识而证真如矣。[①]

太虚将真如缘起与唯识转依，悟妄求真与转识成智融合一体，既坚守了中国佛教自性本觉、本具佛性、发明本心成就圆融境界的传统，又将其落实为唯识转依、去恶从善的过程，倡导符合现代生活，立足现实人生的真修实证。太虚法师认为，如来藏本觉心、无漏清净的圆融境界是至真至善的本体、善的源泉与终极根据，也是道德追求的最高目标。“万法皆由自心造”[②]，“故道德之真本，必求之真唯心论，其唯心论必求之佛教，人复真如之心，道之元也；心契本觉之性，德之全也”[③]。转识成智、转染成净即现实人心向本体心转依，以在现实生活中人心改造、去恶从善为内容、为基础，即在自心自性上着力，发动当前一念心去恶从善的完成。强调在名相分析、义理研究，与以心念为发动的道德实践、行为修证。

太虚法师认为，佛陀依缘起法寻思人生而开悟成道。人们不是只经过一次单独、隔绝的生命，而是经过一系列生命，他们之间由其先前的行业潜在地构成关联。生命就是由善恶业报所带动的生命链。行业的缘起又是由心念所造，由心念而改变。人也必循此净化心识、去恶行善而终致跳出生死轮回，成就去苦得乐的终极解脱。业报缘起与心识转依不二关系也内在蕴含了大乘中观与唯识有宗的种子。大乘中观强调性空，万法都是缘聚而生、缘

①《太虚大师全集》第六编《法相唯识学·义绎·唯识观大纲（六　五重层次之唯识观）》。
②《太虚大师全集》第十八编《讲演 ·人生苦迫及其解脱》。
③《太虚大师全集》第十三编《真现实论宗用论·道德》。

散而灭、自性本空，不仅世间一切有为法，而且佛法、涅槃境界等也体性为空，只是引导众生证悟解脱的方便施设。大乘有宗强调识有，万法都是从心识转变而生，由杂染识而变现有漏世间，由清净正智而显现无漏涅槃，阿赖耶识含藏善恶染净一切法种子是众生轮回与解脱的根据。空宗与有宗既具有不同特质、不同侧重，又同出一源，具有内在的相通性。事物本是性空假有，人们因虚妄分别而执著为实有，只有转变人们的认识，破除人们的无明，才能证悟实相成就涅槃。无明我执与破除我执的关键又是人的认识，由性空自然孕育发展出唯识有宗，识有形式上讲有，本质上是通过唯识解空。而且内识虽是外境所依，但同样依因缘生，有宗的识也不是绝对有自体的存在，只是相对于外境世俗有的胜义有。

大乘佛教在中国传播的过程中，涅槃与实相不二，证悟实相即成就真实不虚、常乐我净的涅槃思想又进一步发展出佛性我，进而被落实在现实的人心人性。实相成为万法本体、众生成佛的根据，被如来藏本觉心、真心等所代替；以真如缘起、一心二门来说明世间出世间、世俗与超越的基本佛法；众生即佛，迷凡悟圣，顿悟本心成佛成为中土佛教主流。中国大乘八宗虽各有自身特点却又同出一脉，各以自身为最究竟圆满的圆教理论融摄诸宗，命脉所在即万法圆融无碍、众生即佛、发明本心悟道成佛的如来藏本觉思想。其中由玄奘开创的唯识宗盛极一时，但因其重视繁琐的名相分析、一分无性与众生即佛主流思想的分歧最终衰落。唯识宗同样承认真如本体，但是又以无为法不能产生有为法的根据反对真如缘起、一心二门思想，倡导阿赖耶识缘起，转识成智。世间出世间一切皆由阿赖耶识为根本识而八识互转所决定，真如既是阿赖耶识本体，却与阿赖耶识缘起一切又根本分离。中国佛教唯识转依与真如缘起思想既有不同，又相通相融，内含着逻辑上的矛盾。

太虚彰显缘起性空与万法唯识共生的传统，进一步将二者融合为一，相互发显。事事物物因缘所生，然而在此众多因缘变化中又都以心的力量为转移，心力也为众多因缘所生，诸法因缘生唯识现。因缘生法是诸法唯识现的实质，诸法唯识现是因缘生法的内容与根据，二者一体两面。缘生假有即是外境依识假立、法相唯识，证悟万法性空实相即是转识成智，转染成净；唯识性即是证悟万法性空而显真如性体，唯识相即缘生假有。法师将诸法缘生与万法唯识融为一体，以诸法因缘生唯识现为佛法根本意，融摄世出世法、小乘大乘诸宗。太虚法师认为现代西方哲学也有此思想，但不如佛法究竟圆满，业感缘起、真如缘起、如来藏缘起、法界缘起等诸佛法都讲识现缘生，只不过是究竟显了的差别。法师又进一步依诸法缘生识现确立了业报轮回的道德律，依因缘生法立容摄去恶成善世间善法乃至去染成净出世善法一体的道德因果律；依诸法唯识现从根本上说明了因缘生法的根源、内在原理、本相，确立了善恶因果相续的根据。此唯识因果相续论确立了向善的终极标准，阐述了跳出生死流转、转凡入圣以致人生究竟圆满、成就至善的根据及修证路径。太虚法师认为，生死流转皆为心识业力摄持的结果，一切善恶行为皆有心念发动主宰，从善必有善果，从恶必有恶果，唯有净化心念，从善去恶才能求得人天福报，而止恶扬善根本要在心念上着力，由之为善去恶的道德律得以确立。从我法谬执所生惑障，造作身语意诸业，因有限量之业招有限量之报，则有生死流转。能将我法谬执去掉，则能解脱变坏的业报，成就四智菩提的大圆满觉，转凡入圣。只有净化心识，转一切染成一切善，最终转染成净、转识成智，达到圆满无漏清净的最高圣果才是真自由、绝对善。而且他还将真如缘起与唯识转依、悟妄求真与转识成智融合一体，既坚守了中国佛教自性本觉、本具佛性、发明本心成就圆融境界的传统，又将其落实为唯识转依的过程，倡导符合现代生活，立足现实人生的真修实证。以往缘起性空与万法唯识、真如缘起与唯识转依既有相依相存的共生关系，又各有侧重具有不同特质，而法师将它们完全融为一体，相互发显，而且还以缘起法、唯识论会通、比较各种现代思潮。某种程度上，法师思想也不可避免地有些主观性、随意性，根源于性空与识有、真如缘起与唯识转依的内在逻辑矛盾也依然内在于他的思想中。

法师以缘起法与唯物一元论及唯心论相比较、相会通，以唯识思想与心理学、生命意志哲学等相比较、相会通，认为二者是揭示人生实相、法则的最圆满的真理，依缘生识现而确立的业报轮回道德因果律也是最究竟圆满的，是事实可证的。诸法因缘生唯识现贯通有漏业报、无漏业报，通世出世间法；融摄一切法空、万法唯识意，说明众生及法没有固定不变的实我，都是缘生识现的。诸法因缘生唯识现说明前生后世生死流转乃至解脱最终都是众生善恶业报结果，自作自受，没有神我灵魂等不变实体，也没有主宰一切的造物。

法师以诸法因缘生唯识现为佛法根本意，融摄世出世法大小乘诸宗，完成佛教业报轮回的道德因果律的现代转化，确立缘生互伴、唯识因果相续的两大道德标准。法师进一步提出这两者是最圆满的，应以这两者作为当时重建社会道德的道德根据，在他看来这是最好的也是唯一的选择。依万法唯心、因果业报完美确立道德的至上性、神圣性，道德的终极评判，可有效树立社会道德意识、道德责任，摆脱道德堕落的困境；依万法缘生互伴、性空无我有效树立自他两利的道德终极标准。

> 道德基础巩固起来，要有一种最圆满学说，能立能破，方能使人类必需的道德原理成功，开扬不可磨灭的真理。在佛法中，可以提出很简单的佛法中，可以提出很简单的二种观念：一、众缘主伴之互成：无论什么万事万物，有为主的主因，有为伴的助缘。……第二，唯识因果之相续。[①]

西方现代性学术思潮和知识资源的入侵影响了20世纪中国佛教的研究方法和进路。中国佛教重圆顿、直觉向古印度佛教重分析、思辨复归。如胡适以历史考古学的方法研究佛教，内学院用文献实证学方法，后来诠释学与比较学的方法也进入佛学研究之中。其次，在现代性思潮的影响下，佛教开始寻求自身理论与

①《太虚大师全集》第十三编《真现实论宗用论·道德·如何建立国民的道德标准》。

现代性的一致性，并试图建立佛学理论与伦理及社会实践之间的内在适应。在佛教伦理化、理性化发展的现代转型背景下，唯识学重名相分析、富有逻辑思辨性，最能与重实证、重理性的西学会通，唯识学兴起。近代以来教界包括学界都重视发扬唯识学，如杨文会推崇起信又重视唯识，主张性相一如。他以《起信论》核心思想“真如缘起”“一心二门”“真妄和合之阿赖耶识觉与不觉”融摄性相、禅教，统摄诸宗。他转妄成真、恢复本性的思想也推动、启发了法相唯识学的研习，为后人转化意识、会通西学提供了桥梁。内学院更是大倡唯识，并批判如来藏系本觉论非佛说，借此扫清中国佛教神秘化的源头，扫清圆融思想反本归原对社会伦理的消极作用，以此为契机发挥佛学在伦理社会实践上较为积极性的因素，以回应当时中国现代性的处境。由此而有如来藏本觉思想是否佛说的论争，而且这一论争成为当时中国佛教现代化的核心论域。

太虚继承与发扬杨文会推崇起信又重视唯识，以“一心二门”融摄性相、禅教，统摄诸宗的理路，并有所创新。他将因缘生法与万法唯识思想融为一体，一体两面，相互发显，以因缘生唯识现为佛法根本意融摄诸法，以唯识学会通现代心理学、哲学等，以唯识相与唯识性融摄真如缘起、一心二门思想。他既坚守真俗不二圆融境界、心性本净、心性本觉、真妄迷悟的传统，又以唯识转依来会通、说明、代替它，强调在名相分析、义理研究及以心念为发动的道德实践、行为修证。太虚法师认为，中国佛教确实具有本体化、神秘化趋向，圆融境界确实也导致佛教与世俗社会的和解，消解佛教的社会批判精神。太虚与内学院出发点相同。即虽然太虚与内学院在如来藏系本觉论是否佛说的论辩中立场不同，但二者都力图改变中国佛教鬼神化、迷信化的积弊，彰显佛法被遮蔽的伦理理性，推动佛法理性化、现代化、人间化；二者都重视唯识思想，依唯识思想会通现代理性思潮，都重视唯识转依的实践意义，并将佛学理论延伸到伦理及社会层面。但是法师以为当下中国最重要问题是丧失精神传统的大本，人心失范，希望创造性转换佛学，并且纠正现代性的负面影响，以挽救道德人心。他以万法圆融无碍、众生即佛、发明本心悟道成佛的如来藏本觉思想为中国佛教命脉，强调性觉本体、万法唯识、心造万物，强调宗教修证、道德实践中主体的能动性、创造性，希望以此为基础，完成人心转换、道德信仰重建，以中国传统文化为本位来回应现代性挑战。这与新儒家方向一致，不过太虚是以佛学为本兼容儒家，新儒学是以儒学为本兼容佛学。正如葛兆光所说，佛教新运动是从佛法本位来融摄一切的，它的内在理路是：一方面试图以唯识分析法门包容与代替科学逻辑体系重建人的经验途径，一方面试图以“心真如为本”设立一个超越物质主义、道德主义的终极价值体系，重建人的精神家园。使佛教思想从内省和封闭向逻辑和开放的方向转化，就是近代佛教向科学、哲学的开放和近代对于科学、哲学的佛教理解。[①]

① 葛兆光：《关于近十年中国近代佛教研究著作的一个评论》，http://wen.org.cn/modules/article/view.article.php/c7/427。

## 第三节　道德本体性与自觉性

心性论是佛教伦理自觉本原，佛教依此确立了向善追求的道德本体性与自主自觉性。太虚从善恶角度，依佛性来界说人性的善、恶及非善非恶，以佛法色彩的人性本善论确立向善追求的道德本源性、必然性。太虚会通现代生命哲学，以佛法立场来解读人欲，指出人欲是人的行为的根源，也是上求佛道下化众生，成就菩提的根源，人欲可善可恶，有修证的必要与可能，并依此确立去恶向善、道德修持的必然性与可能性。

### 一、人性的善与恶

> 纯善性——纯粹之善性，即真如觉性，亦即佛性。质言之，即人与佛共同之性，人与佛无异之性。此性在佛法中本号清净性，今姑以普通之纯善性以代之。有二：甲、诸法群生平等真如性：……乙、正觉妙善清净种子性：梵语三菩提，此云正觉。[①]

太虚将佛性，即万有、有情无情众生与佛无异的平等真如性，众生本具的如来藏本觉性看作是本来如此、常住不变、永存不坏、周遍一切的、人的本体性。清净佛性是纯粹善性，纯善性即人的本体性。

以佛性清净来说人性本善、去恶从善的必然性。同时又以杂染性来说明人性本善为何会有善、恶及去恶从善的可能性。

杂染性有五种。非善不善异熟性：因前生业因、业缘、业力，

①《太虚大师全集》第十三编《真现实论宗用论·道德·人性之分析与修证》。

现在异时而熟的。非善不善的中立性：无记性，通常所说自然性，儒家所说天命之性其实质就是这种性，儒家只不过是只知其然而不知其所以然。可善不善俱非之种子性：阿赖耶识所含藏种子性，为产生善、恶、非善非恶万有的潜势力。执我之非善不善性：第七识执我性。造业之或善不善俱非性：由前六识依第七识而发动造作的身语意三业，具有善不善非善不善性。最能求知创作性：有六个方面，人有感觉思维能力，人有语言文化能力，人有头脑，人可直立行走，用手劳动，人可用火等。可谓人的认知和劳动实践能力，是人所特有的，也是“人生难得，佛法难闻”根据所在。太虚法师认为，做人不遇佛法，等于虚度，有佛法而不将佛法宣示于人也没用。

法师将求知创造性包摄在人杂染性中，并将其作为人独有特性，人性从善去恶、转染成净的可能性、动力所在，以此为基础论述了人性修证的具体路径。

> 性若全善，何修证为？本不可修，遑言证诣！因有求知创作性，方有引发正觉创显真如之修证可能；因有不善恶劣性，始有进攻执我清治染杂之对治的必要。有七：
>
> 一、善用求知性以理解信向纯善性：依理解纯善性而信向之为最高目标，以达到其圆满究竟为目的。
>
> 二、善用创作性以勇作善业止不善：
>
> 三、集中善行理解力进攻执我性：
>
> 四、积高善行理解力引发正觉性：

五、突破执我性，生起正觉性，创显真如性。

六、洗除执我习；清治杂染种增长，增显纯善性——初地至十地。

七、异熟性空，杂染性尽，圆满纯善性——佛地。

末滕一偈云：“反自性成真佛，三省吾身学古人，悟得本空好勤拂，永令明镜绝纤尘”。此偈摄人性之分析与修证尽。①

这其中人性从善去恶修证本质上是佛教信解行证、戒定慧修行解脱，同时又将佛教的修行解脱还原为世俗道德生活、向善追求的完善。

太虚明确地从善恶角度，又以佛教眼光来界说人性，将本来清净的真如觉性看做人的本体性、纯善性，同时又以杂染性说明了人性的善、恶、及非善非恶，并比较融摄了世俗人性论诸说，以人所独具的求知创造性作为人性从善去恶的修证路径。从人性本善又非全善，通过发动自身求知创造性，去恶趋善，最终达至人性纯善，并将其与由染到净、解脱成佛的宗教修行、宗教超越追求合一。从人性善恶分析与修证的角度，确立了人从善去恶道德生活的必要性与可能性，并指明路径。他以佛教为本位，以佛性来界说人性，另一方面又从人性善恶世俗伦理角度来界定佛性。

太虚法师认为，佛性、成佛的根据与可能性，是超越世俗的、超越善恶的，以染净为本，善恶为权；人性，往往是从善恶的道德范畴对人之为人的本性的界定。佛性与人性既有本质区别又有

①《太虚大师全集》第十三编《真现实论宗用论·道·人性之分析与修证》。

密不可分的内在联系，中国佛教更是以佛教心性化为特色，在佛性与人性问题上日趋融合。智者大师独树一帜倡性具善恶，众生与佛平等，本具善恶。阐提先天本有善性，佛陀本有恶性，只是修善修恶之分，才有善恶凡圣的果别。阐提虽断修善，仍具性善；佛虽断修恶，却本具性恶。生佛心性平等，把生佛之别落实到修习上。根据性具善恶，通过一念三千的止观观心，十界互具，就能当下证悟佛性。慧能禅宗将佛性落实到具体的人性，众生与佛不二，人性本净，人性本善，反观心性，见性成佛。中国佛教虽将佛性落实在人性，用善恶范畴替代染净范畴，也隐含识见心体，证悟解脱即是至善，但根本上佛性作为众生与佛的本体性是超善恶的，是根本不同于世俗人性的，最终也以恢复本净佛性为目的。佛性修证虽融摄去恶从善的世俗道德生活，但往往侧重于顿悟、止观等宗教修行。太虚同样以清净至善佛性作为人的本性，以佛法为本位分析人性，其人性论是不同于世俗伦理的，具有宗教伦理特色。但他直接就善恶角度来谈人性分析与修证，并分析融摄古今中外世俗人性论。太虚法师认为，人性是以佛性为本来面目，包含了多层次的具体世俗内容的人性，同时他又以人性定位佛性，将佛性转化为人本的佛性。他将佛性与人性合一，即佛性本净就是人性至善，转染成净就是去恶从善的完成。他以佛法立场谈人性，佛性也被界定为人性的扩充完善。但是佛性与人性二者是具有本质区别的，太虚将二者合一也有可能将佛性世俗化、庸俗化，使佛性失去神圣性、超越性。

## 二、人欲的善与恶

法师认为生命哲学所讲的意志欲望，在人即人欲，心理学上所说内心冲动与外物引发的欲望也都包括在人欲中。人欲是人类活动的根源，只有将人欲研究明白，拿相宜的方法去安顿它、调御它，社会才能得安宁而发达和进步。

他把人欲分为三个层次，有情共欲：这欲不仅人类专有，三界有情众生均有，又叫做根本欲，根本意欲意指第七识——隐藏于内，稍加反省，即能领会。可分四种：从正面说，即好美、求真、取善、好胜；从反面说，即恶丑、弃假、厌恶、舍劣。欲界共欲：在这欲界内，一切有情均有的欲。有三种：续生欲，即继续生命的人欲，男女情欲；段食欲，即维持人类生命的食欲；物境欲，从万物对境上所起之要求欲，即眼、耳、鼻、舌、身五根，对色、声、香、味、触，五境所起的欲求。人类特欲：即人类特别独有的欲。有二种：一、俗习欲，即社会习惯欲，是为私的，个人的，有五类，财欲、饰欲，即对美色追求，名欲、膳欲，即对美食追求，睡欲，即放逸闲逸之欲；二、文化欲：文化欲是为公的、社会的，创造社会平安的欲求与求知欲。

佛教欲望的分析往往从欲望与轮回、解脱关系角度入手，欲望主要是指财、色、名、食、睡五尘欲，众生因无明，而有我执爱欲，造作诸业而有生死轮回的痛苦，三界众生层次越高，欲望越淡，破我执，灭爱欲，出离生死轮回而最终解脱。佛教主张众生平等、众生皆具佛性，虽根本上以人生解脱为中心，又不限于此，因此佛教对欲望分析虽重心是人，但未明确讲人欲。太虚虽是从佛法立场，但又是会通现代哲学特别是意志哲学直接就人欲分析。他以人欲为人类活动根源，提出正确认识人欲，合理安顿与调御人欲是人类社会安宁、进步的根本。他立足佛教立场，从有情共欲、欲界共欲、人类特欲三个层次分析人欲。人欲并非单纯纯粹人欲，他将求真、善、美、胜的欲望作为人与有情众生均有的根本善欲，也是上求佛道、下化众生、导善去恶的本源；他将续生欲、段食欲、物境欲作为人与欲界有情共有的非善非恶自然欲；他从公与私角度谈人类特欲，将五尘欲作为为私的人欲，将求得社会平安、求知作为为公的人欲；人欲是可恶可善的，去私为公就是人欲去恶向善的化导。佛教对待欲望虽有既反对纵欲又反对禁欲的中道思想，但往往突出破我执破贪欲得解脱。在这里，他强调人欲是人类活动的源泉，人欲善有恶，有修治整理的必要与可能。

> 人欲之大概分析，已如上述，次讲人欲分析后之治理人欲。若完全是好的，则亦无用乎治理，如一块旷野之草原，有好有不好，有杂乱污秽之地，也有条理清楚之地，在这两种对峙之下，就有修治整理可言了。①

在对人欲分析基础上，他又进一步概括分析以往人们对人欲的态度与处治方式。他提出古今中外，对欲的处置方式不外有纵欲、绝欲、节欲三种。纵欲益少而害多；以理节欲可一定程度上

①《太虚大师全集》第十三编《真现实论宗用论·道·人欲之分析与修证（二　人欲之治理）》。

节制欲望，缺点是无力；绝欲是好的坏的都灭绝了。但化欲主张欲无固定性，可转变改造，最为善巧。

> 吾人以为第一纵欲，害多利少，利不敌害；第二节欲，动于情，止于礼，情欲冲动，有相当限度，以理节之；但情冲动到极端时，理是无力绝制的；第三绝欲，好的欲与歹的欲，玉石俱焚，同归于尽，这种态度是偏枯的；第四化欲比较来得善巧，文化亦从化欲而产生出来的。[①]

法师在分析与评判纵欲、节欲、绝欲观点基础上，依据五乘佛法分析佛法对欲的态度，进一步提出佛教人乘节欲到大乘化欲才是人欲修证从善去恶的究竟圆满。

> 佛法对欲的态度　甲、人乘节欲：佛法教人做平常人之方法，三皈立信，五戒为规，五戒即节欲之方法。……乙、天乘、二乘绝欲：修五戒是人乘，修十善、四禅、四定是天乘，天乘从人超天，守完全五戒——十善从五戒开出——绝一部分欲，可超一层天；渐绝渐高，依次超于四王、忉利、夜摩、兜率、化乐、他化自在之六天，而上入色、无色界天。二乘即声闻与独觉，他们知苦、断集、慕灭、修道，成声闻果；无无明乃至无老死，成独觉果，是主张完全绝欲的。三、大乘化欲：大乘修六度万行，普度有情，有度生之大

---

①《太虚大师全集》第十三编《真现实论宗用论·道·人欲之分析与修证（二　人欲之治理）》。

欲，无利己之私欲。大乘以大欲去化私欲，方便善巧，蔑以加矣！[①]

法师以五乘共法、三乘出世共法、大乘不共法总摄一切佛法，旨归大乘菩萨行，又融摄世间出世间诸法、大小二乘、大乘诸宗。法师依佛法层次进化理论将佛法对欲的态度归纳为三层：人乘节欲，天乘、二乘绝欲，大乘化欲。太虚法师认为，佛法是宣示人生真相、教化众生契证人生实相、实现人生圆满的教法。佛就是人生终极目标，由良善的人为基础不断增上而成就，人天乘、二乘是达此的阶梯。在当时世界大势下，人生化、科学化、民主化成为世界文化主流，应还原佛教真意，发展契机的由人乘而大乘的大乘渐教。天乘、二乘绝欲作为达成大乘化欲的方便、阶梯已不适宜，应由人乘节欲直接大乘化欲，完成人欲从善去恶的究竟圆满。人乘节欲是以三皈五戒节制欲望，是平常人的方法，但不究竟圆满。大乘化欲最为究竟圆满。“大乘修六度万行，普度有情，有度生之大欲，无利已之私欲。佛教无漏境界是完全美满，全美，佛智澈了人生最极究竟是极真，诸佛、菩萨圆满自利利他是纯善，佛法最胜，佛为最胜者，佛即是众生求美、求真、求善、求胜等根本欲的圆成。大乘以度生大欲化导私欲，可使人欲得以净化，使人欲不致作恶，又能满足人类欲望与要求。”[②]

人性与人欲是中国传统伦理的核心概念。人性、人欲是体用

①《太虚大师全集》第十三编《真现实论宗用论・道德・人欲之分析与修证（三　佛法对欲的态度）》。
②《太虚大师全集》第十三编《真现实论宗用论・道德・人欲之分析与修证（五　大乘化欲的圆成）》。

关系，人性本善，人欲发动有善恶分化，修身养性即节制欲望，恢复善良本性。佛教往往被攻击为消极厌世的、绝灭人欲的。太虚结合现代生命哲学、心理学对人欲分析与修证进行明确而详细论述，指出人欲是人的行为的根源，也是上求佛道下化众生，成就菩提的根源，人欲可善可恶，有修证的必要与可能。人成而佛成的人间佛教就是以三皈五戒节制欲望，在此基础上修六度利他性，圆成根本善欲，净化人欲，圆满人欲。

心性论是佛教伦理自觉本原。佛教十分重视心灵在善恶报应序列中的主导作用，“心为种本，行为其地，报为结实。”[①]生命就是由善恶业报所带动的生命链。行业的缘起又是由心念所造，由心念而改变。佛教又进一步从心的本性来阐明伦理自觉的基础。心性本净，只因烦恼染污而未显露，净业是善行，染业是恶道，清净无染的心性本体既是终极至善，又是超越善恶的。佛教依此从心性本原确立善的本体性，从善去恶成就道德理想的必然性与可能性。大乘佛教在中国传播的过程中，又进一步发展出如来藏本觉心、自性清净心的佛性我，佛性进而被落实在现实的人心人性，其中又以禅宗为典型。禅宗倡导世人自性清净，万法在自性，契悟佛理发明本性，人人都可成佛。禅宗仍以成佛为最高追求，成佛的根基——佛性仍具有神秘超验的本体论色彩，但又被落实为现实的人心人性。禅宗又将个性开发与伦理生活统一起来，强调宗教实践、道德修持是内在本性开发，是自我意识活动，是一

---

①参见方立天:《中国佛教伦理的理论基础》,《伦理学研究》,2003年第8期。

种精神自觉活动。[①] 太虚法师认为，清净智慧的佛性就是人的本心本性，是万法本体，也是道德本体、本性，是伦理自觉与道德修养的出发点，道德修持就是明心见性、返本还源。伦理生活、道德生活就是至善本性的开发、呈现，伦理道德生活上升内化为人本性自觉。心性论尤其是中国佛教心性论确立了向善追求的道德本体性与自主自觉性。太虚承继中国佛教传统，将本来清净的真如觉性——佛性看作人的本体性、纯善性，以杂染性界说人性的善、恶及非善非恶，以佛法色彩的人性本善论确立人向善追求的道德本源性、必然性。以往佛教都是从染净说佛性，又将佛性落实在人性善恶，但根本上佛性作为众生本体性是超善恶的，是根本不同于世俗人性的，最终也以转染成净、转识成智恢复超凡绝尘的本净佛性为目的。不同于传统，法师从善恶角度谈人性，将佛性作为人至善本体性，佛性仍具有超越性本体色彩，但具有明显人本化倾向，人性是以纯善佛性为本体，包摄世俗人性善恶具体内涵，去恶向善。人性圆满就是恢复人性本来面目，成就佛性。以往佛教修证虽融摄去恶从善的世俗道德生活，但往往侧重于顿悟、止观等宗教修行，在这里，二者直接合一。太虚法师承继中国佛教传统，将人性开发与伦理道德生活、佛教修持统一起来，确立道德修持的自主性、自觉性。不同于传统，他将求知创作性即人的认知与劳动实践能力作为人性一部分，将道德自觉性落实于人的求知创作性。以往佛教道德自觉性侧重神秘直观、内证、返本还源的宗教修证，在这里虽然道德修持仍以转识成智、

---

①参见方立天:《中国佛教伦理的理论基础》,《伦理学研究》,2003年第8期。

转染成净的超越境界为目的，但又具体落实在世俗生活的道德认知与道德实践当中。

有关欲望的分析与修证也是佛教心性论的重要内容。一方面，佛教既非禁欲又非纵欲的中道精神，发展到中国佛教，即涅槃实相不二、现象本体不二，贪欲即道。另一方面，佛教主张无明爱欲是生死轮回痛苦的根源，只有去无明、破爱欲才能出离生死轮回，获得最终解脱。佛教对欲望的两方面主张相互牵制构成佛教对治人欲，从而完善道德修持、宗教修证的重要一环。在传统社会，人力有限，因此，以欲望为痛苦根源，遏制欲望乃至禁欲求得道德、精神升华成为人们有关欲望的主流观点。中国佛教在应机教化的过程中，也往往突出破我执破贪欲得解脱的一面，以对欲望的否定、禁绝为典型。太虚法师认为，发展到当时，科学发展，理性启蒙，人们对欲望的态度发生根本转变，现代社会肯定人欲的合理性，认为欲望是人类进步、社会发达的动力甚至目的，佛教也因此被攻击为消极厌世的，绝灭人欲的。法师承继传统，适应时潮，以佛法为本位，会通现代哲学特别是意志哲学，重新解读人欲。传统佛教没有明确的人欲分析，他直接就善恶谈人欲，并且将成就菩提欲、社会平安欲、求知欲都融摄进去，但他仍然是以佛法立场来解读人欲，并依此确立人欲去恶向善、道德修持的必然性与可能性。他彰显佛教关于人欲中道思想的一面，又融摄意志哲学，主张人欲是人类行动源泉，是人类社会积极向上，乃至求得人生真意、成就菩提的源泉；人欲有善有恶可善可恶，要用人生不断增上乃至圆满的根本善欲即成就菩提的意欲，去化导人欲，净化人欲，圆满人欲。

## 第四节　佛教善恶观

太虚认为只有掌握善恶的准确意义，才能有正确的见解指引，行为得当，真正实现恶止善行。

> 恶止善行，诚言简而义周矣。然恶之谓何？善之谓何？若无准确之义界，则仍莫得运思措行之轨辙，故恶之与善，尤应解之通正，而后践之得当也。①

在古印度佛教中，善恶与无记合称“三性”。善，指“顺益”“顺理”“顺体”，即随顺佛法、佛理，使自己与他人得益。恶，是“违逆”，即违理背法、违损自己与他人，与贪瞋等烦恼相应，障害圣道。在古印度佛教中，善恶也称为白法、黑法。白法就是清净无污，黑法即是污浊有染。这样，佛门善恶观就形成了是否契合佛理的总体标准，以染净论善恶的具体标尺。法师也是坚持这一佛教立场，以圆满自利利他为佛法要旨，以此为标准来界说善恶。

### 一、佛法要旨

太虚以五乘共法、三乘共法、大乘不共法判摄佛法，形成以大乘佛法为本位融摄世出世法、大小乘法、大乘诸宗的层次进化佛学。大乘佛法为究竟圆满的佛法，要旨即圆满自利利他，“圆

①《太虚大师全集》第十三编《真现实论宗用论·道德·集团之恶止善行》。

满自利利他，乃为佛法之完全系统”[①]。

佛法本质即实证万法都是生灭心变现，都是虚幻的，显现究竟圆满一心真如，成就出世不离入世的妙觉佛果，能随顺一切众生，应化世间利乐一切众生，究竟离苦，究竟得乐，圆满自利利他。佛就是究竟完成慈悲方便，而能普遍去救济一切有情，教导一切菩萨者；菩萨就是以佛陀为目标，在利乐众生、净化世间的过程中修学慈悲方便、自觉觉他、自利利他者。

太虚法师认为，佛法能究竟离苦得乐，得究竟乐，佛法之利，不同于世间相对的、有限的利，是真正的自利利他。

太虚法师认为，世间之利，财色名利等，只不过是依识变现的妄法，是不究竟、不圆满的。佛法转识成智而契证一真如法界（超言绝相，清净无染的宇宙本体）。八识既转，则依识而起之妄法（世间一切）自归择灭，究竟离苦，证一真如法界而成就四智究竟得乐，故佛法能究竟离苦得乐，是真正的利。

在太虚法师看来，世俗所谓自利，不过利我之身、利我之家、利我之国等，其实质是对我及我所有法的妄执。只有佛法能发明离一切相，不生不灭，真实自在之自性，能离世间一切苦而得佛法究竟之乐，“唯佛法有真正的自利”[②]。

> 发菩萨心者，必以大慈悲心护念众生，大方便力普救众生，使之离苦得乐；必至成就无量无边功德，

---

①《太虚大师全集》第一编《佛学总学·概论·佛乘宗要论·绪论（第一章佛法的系统观 – 第五节吾之佛法的全系统观）》。
②《太虚大师全集》第一编《佛学总学·概论·佛乘宗要论·绪论（第二章佛法自利利他观 – 第一节唯佛法有真正的自利）》。

而后乃证无上大菩提果。[①]

故佛法纯以利他成就自利。普救一切众生，要先求自得解脱之利，佛法为利他故先求自利。“利他即所以自利！自利亦所以利他”[②]；佛法并无后先，自他等利。

唯佛法有真正的自利，推此自利者以利他，故佛法能真正的利他。[③]

大乘自利利他、自觉觉他菩萨行，本质上更突出宗教信仰，强调个己与众生觉悟一体，但也具有很强的社会伦理精神，包含了俗世中使众生离苦得乐，救苦救难。在这里，法师一方面坚持了佛法立场、佛法特质，主张佛法之利以究竟离苦得乐的佛教超越追求为宗旨，根本不同于世俗之利。自利利他即万法因缘互生，自觉觉人、自度度人，圆满自利利他即佛法修证所达契证一心真如、万法唯识的圆融境界。另一方面太虚又将自利利他的菩萨行落实为在现实生活中实践利益大众的万行，是世间善法的扩充与完成。人间圣贤，就是在现世人生利益他人社会的佛菩萨化现。一定程度上，菩萨被还原为在俗世生活中践行慈悲利他的人，佛就是慈悲利他究竟圆满者。

佛就是慈悲，从此慈悲心为本，而真正的具足种种功能力量的方便妙用去做成慈悲事业者，就是佛或

---

①《太虚大师全集》第一编《佛学总学・概论・佛乘宗要论・绪论（第二章佛法自利利他观－第二节纯以利他成就自利的佛法）》。
②《太虚大师全集》第一编《佛学总学・概论・佛乘宗要论・绪论（第二章佛法自利利他观－第四节不分先后自他等利的佛法）》。
③《太虚大师全集》第一编《佛学总学・概论・佛乘宗要论・绪论（第二章佛法自利利他观－第五节唯佛法能真正的利他）》。

是菩萨。[①]

离开众生便没有菩萨心和菩萨业，所以菩萨的事业，就是慈悲众生事业；众生的痛苦，就是菩萨的痛苦。[②]

这六度，似乎完全出于佛典，其实早已发现于中国古代贤哲的行为上、事业上或书籍里，不过名义同异而已。[③]

## 二、善恶内涵

太虚法师认为，只有佛法能真正自利利他，且自利利他圆融不二，佛法以圆满自利利他为最高追求。因此利他还是害他成为区分善恶的根本标准，利他为善，害他为恶，二者交互作用又构成以下几种情况。

害他终害自，而致自他俱害故为恶。利他终利自，而成自他俱利故为善。[④]

根据佛法自利利他观，自他等利，自利利他圆融不二，根本为一。害他又害自，固然为恶，害他不害自，及害他为利自，最终必然是不利自并且害自，终究是恶。利他又利自，固然是善，利他不利自及利他导致害自，最终必然是利自而不害自，终究是善。

①《太虚大师全集》第四编《大乘通学·义绎·以慈悲为本方便为门以明孛经大旨—佛法要旨　一》。
②《太虚大师全集》第四编《大乘通学·义绎·以慈悲为本方便为门以明孛经大旨—佛法要旨　二》。
③《太虚大师全集》第四编《大乘通学·义绎·菩萨（四　菩萨的资粮）》。
④《太虚大师全集》第十三编《真现实论宗用论·道德·集团之恶止善行》。

利自不害他。害自不利他。[①]

这两种情况可判为非善非恶。然而利自害自非善非恶，不害他却是止恶行善之始，不利他是遏善行恶之端，因此，止恶行善，要从打破不利他而严持不害他入手。

然利自害自非恶非善，而不利他为遏善作恶之端，不害他为止恶行善之始，故恶止善行，当自打破不利他而严持不害他为入手。[②]

佛教修行解脱即止恶行善的完成，由戒而定、慧之学，即严持不害他而渐止害他之恶，由施而福、慧之行，即打破不利他——我执——而启行利他之善。恶止善行不害他而利他，以做人为起点，以成佛为究竟，是人间超人间道德根本。佛法五戒即包摄五常儒行，是世间不害他而利他的人伦道德生活准则。

要之，不害他而止恶，能利他以行善，始乎立人，终乎成佛，其事无人不易知乐行，其量唯佛能究竟穷尽，故恶止善行为人间超人间道德之大宗也！何则？不害他而不杀、不盗、不淫、不妄而不醉乱昏愚，能利他而能仁、能义、能礼、能信而能清醒明智，则人之道全德备而人格立矣。[③]

太虚法师认为，遵守五戒而且只有如此，才能真正使人道全德备、人类生活安乐。但这只是恶止善行不害他而利他过程的初级阶段，只有断尽我执，灭尽害他心，究竟利他行，才能真正达

①《太虚大师全集》第十三编《真现实论宗用论·道德·集团之恶止善行》。
② 同上。
③ 同上。

于至善。太虚法师认为，即使人间圣贤，也因未彻悟身生空寂，终未能灭尽害他心。小乘获生空涅槃，灭尽害他恶行，但没有达到究竟自利利他，只有大乘佛法能达到生我尽空、自他尽泯、万法圆融境界，圆满自利利他，达到不害他利他的终极，达到至善。

> 然自内之我执不至于断尽，则利他之行固未能无限，即不害他之心亦难尽免。虽曰“杀身成仁，舍生取义”，而未澈身生毕竟空寂，则仁怀义愤亦终未尽泯害他之几。尽空我以达不害他之极，乃成生空涅槃之小乘行果。安住生空涅槃，诚已达不害之极则，恶已灭尽。然守住无我之法，未能极尽利他之用。进于无我唯法，无法唯识——相——亡自皆他，全他皆自之菩萨行；达至自他融遍、一多圆澈，恶无不寂，善无不圆之佛果菩提涅槃，乃造不害他利他之极，善亦圆成。故止恶行善为道德之宗，而宗之所极必在于佛也。[①]

太虚法师认为，道德终极标准即不害他而利他，而其神圣性至上性源泉及其道德完善境界即是圆满自利利他的佛法。佛法圆满自利利他，彻底免除不害他而穷尽自利利他，又是以世间止恶行善、具体不害他而利他的道德生活为起点的扩充与完善。

善恶观是佛教伦理的核心内容之一。在古印度佛教中，善，指“顺益”“顺理”“顺体”，即随顺佛法、佛理，使自己与他人得益。恶，是“违逆”，即违理背法、违损自己与他人，与贪

①《太虚大师全集》第十三编《真现实论宗用论·道德·集团之恶止善行》。

瞋等烦恼相应，障害圣道。依宗教伦理的眼光看，古印度佛教“顺益之善”，“顺”的契正佛法、觉悟解脱是实，是终极之善；益的益己益他、益此益彼是权，是宗教伦理通向世俗伦理的方便法门。这一方便在中国文化氛围中得到更大展开，古印度佛教善恶观的特定内涵得以进一步丰富：依染净解脱谈善恶与依道德判断谈善恶相结合，宗教修行意义上的清净无染、去除烦恼的性灵生活与世俗伦理意义上的舍恶行善、修身立德的社会生活相结合，心理层面的宗教关怀与伦理层面的宗教关怀相结合，形成了独具特色的中国佛教善恶观。[①] 佛门善恶判断及善恶行为的终极关怀是佛教的解脱生活。太虚承继这一传统来界定善恶内涵，以圆满自利利他为佛法要旨，以此为标准来界说善恶——利他为善，害他为恶。他延续佛教传统善恶观中顺应佛理之实与益世之权结合的路线，进一步将二者合一，佛教是自利利他的圆满，至善是自利利他的完成，又是以世间止恶行善、具体不害他而利他的道德生活为起点的扩充与完善。抽象的佛教解脱，自利利他更多落实为现实生活中的利益自他行为。太虚法师认为，佛教修行解脱、成就佛果就是人生道德不断增上以至究竟完成。佛教恶止善行不害他而利他，以做人为起点，以人生道德的究竟、完满为目标。三皈五戒十善等人乘正法，是世间不害他而利他的人伦道德生活准则，是佛教以之发挥人生道德的根据。人生道德以佛教自他两利为至善标准，不害他为消极的道德，以能利他为积极的道德，以圆满成就自利利他、学菩萨作佛为最高道德追求。

①参见王月青:《中国佛教伦理研究》,南京大学出版社,1999年,第9-10页。

# 第二章　太虚人间佛教道德规范

道德规范就是人们为达到道德理想，在日常生活中所遵循的伦理律令，是以具有普遍性、终极性道德原则为核心的系统化的道德规范体系。道德形上学解决了为什么要从善去恶、何谓善恶的问题，而人们对善的追求、善的实现要由道德实践环节、遵守道德规范、践行道德生活来实现。而道德规范的合理性、人们对道德规范的敬畏心、道德原则的确立又根源于道德形上学。从伦理角度来看，佛教修行观、戒律观就是佛教道德规范的领域。

佛陀由证悟获得终极解脱，并以慈悲心教化众生，众生以他为榜样，真修实证，都能获得解脱。戒定慧是佛教修行核心，三者根本不同，又内在相联，不可分。依律摄僧，以戒关照个人修行、僧团和合乃至社会和合，以戒为师的制戒本怀与随犯制戒、因地因时制宜的制戒原则，是佛教戒律观的基本精神。佛教戒律既是修行规范也是道德规范、生活准则、教团责任，它不仅局限于现世，而且是完成佛教最高追求的重要助因和前提。尤其居士戒律更是详细规定了在家信众对于亲友的责任，对于国家、社会的伦理责任。古印度佛教由部派佛教发展至以自利利他为旗帜的大乘时期，大乘菩萨戒也随之产生，中国佛教是大乘佛教，也以菩萨戒为本。大乘菩萨戒离不开小乘戒，是以小乘戒为根基的，而融摄在大乘戒中的小乘戒又要以大乘菩萨精神来受持。

太虚戒律观继承佛教戒律尤其大乘佛教戒律传统，又契应时代，有所矫正，有所发展。他主张佛法摄教理行果，其根本是实行，而行又必以戒为本。他认为当时佛教高者隐修低者送死，迷失佛教真意，更要回归依戒止恶行善的实行。他将三皈五戒十善人天善戒、七众律仪戒作为摄受菩萨戒的根基，而人天善戒、七众律仪戒又要归向菩萨戒，以菩萨戒为终极目标，建构起以菩萨戒为本体，以人乘善法、律仪戒为根基的层次进化戒律系统。更为特别的是他将七众律仪戒中的三皈五戒十善作为人天善戒，也可以说是世间善法，将世俗道德融摄在佛教戒律当中，将二者融合一体。太虚法师认为，世俗道德规范是摄受菩萨戒最基本的、必不可少的一环，而菩萨戒是世俗道德的增上与完成，也是其终极标准。

## 第一节　以道德践行为根基的戒律观

太虚认为佛法受摄教理行证，与此对应，学佛就是信解行证的四法轮转，四位一体，以行为本，而行又以戒为本。佛教戒律既是修行规范也是道德规范、生活准则、教团责任，它不仅局限于现世，而且是完成佛教最高追求的重要助因和前提。戒又必以菩萨戒为旨归，菩萨戒显佛教真意，是最纯净至善戒，又是以人天善戒（世间善法）、七众律仪戒为根基，是它们的究竟完成。

## 一、佛法摄于教理行果，其要唯在于行

佛法即教理行果："教"，即佛陀亲证真如而应化世间、教化有情的教法，它与通常的学理学说不同。太虚法师认为，通常的学说，都是以经验为基础，层层推究而成的知识，是不圆满的、相对的、偏执的。而佛法是佛陀所亲证的万法实相，纯由圣智所流出的，是绝对圆满、真实不虚的。因此对于佛的教法，必须用信力领受，"佛法大海，信为能入"。必先信有佛，佛者即已得无上正遍觉者，佛法即佛所亲证真如、应化世间教化众生之法。太虚法师认为，人人都可信受佛法实行实证到无上正觉，解脱成佛。"理"，理由教出，即闻法者对于所闻教法，观察研究分析所得佛教学理。佛的教法，本由得无上正遍觉而出，因此要圆满了知佛教真谛，也必须依教修行证得无上正遍觉。因此解理之后即是"行"。"行"即行为，广义上解理也是行，信解佛理基础上才能如法实行。狭义的"行"则是戒定慧三学，与大乘六度、十度（六度外加方便、愿、力、智）等。"果"即修行所证果，果随解行而进阶，佛地才是究竟果位。果既证得，又从果地回入苦海，施教度生，使之明理修行、如法证果。如此教理行证四法轮转，就是佛法全体。

对应佛法教理行果四轮，学佛、从凡位至圣位，即信、解、行、证的四个阶段的轮转。太虚法师认为，佛法是由佛陀的圣智所亲证，学佛者必须依三藏教法了解，才能贯彻实行，而依教解

理又是起行的方便，实修实证佛果才能圆满了悟佛法真谛，成就清净正信。“故佛学所以可宝贵者，在乎使人得以实证；而佛学所应注重者，则又在于依教修行。”[①] 太虚法师认为，佛法虽有卓越的理论，合于理性，但除了理论研究之外，更以实行为本，依教解理是实修实证的方便。

> 云行在瑜伽菩萨戒本者，佛法摄于教理行果，其要唯在于行；以信教解理，功在能策令起行，如信解而不行，则教理胥等于无用。果、则行满之所成就，不行、或行而未满，果不能成，果之既成，则任运更无所为。故有力且必要者，唯在行也。[②]

太虚法师认为，宗教行事有两种：一、提高个人人格的修养，二、服务社会公益的设施。佛教修养方法很多，具有自身的特长。至于第二项行事，在大乘佛教，本来极其注重第二项行事，只是小乘则注重第一项而忽略第二项。因此，太虚法师认为要顺应科学化、民主化、人间化的时代建设由人乘而佛乘的大乘渐教，即人间佛教，从如何成为世界上最良善的人入手，发菩提心，行菩萨之六度万行，即依菩提心，行利国利他行，才能建设理论行事都极圆满的全世界的新佛教。

法师认为佛法摄受教理行证，与此对应学佛就是信解行证的四法轮转，四位一体，以行为本。信教解理才能真正照此实修实行，而实修实行有所证悟才会进一步加深信仰，实修实行证悟佛

---

①《太虚大师全集》第十编《学行·通论·佛之修学法》。
②《太虚大师全集》第九编《议篇·议僧制·志行自述》。

果才是圆满解理正信的完成，其中实修实行最根本，信教解理以行为目的，是起行的方便，实修实行果自在其中。这是一个连环，以信发动，以最终证悟为目的，以行为本，每一环节都包含了其他环节，如正信内在包含了解行果，正行也内在包含了信解证。这类似在信仰支持下的知行合一，但又落脚在行，使行有了强大的支撑力、神圣性、终极性。太虚法师认为当时应还原佛法真意，顺应时代建设由人成而佛成的人间佛教，倡导大乘菩萨行，由做世界上最良善的人入手，发菩提心，行六度利他行。从人道做起，在人格修养与服务社会中践行大乘菩萨行，将佛教修行与道德实践合一。太虚法师认为，信解行证一体，可以说就是以佛教信仰、佛教终极追求为支撑的道德上的知行合一。

佛教既是具有彼岸性、超越性的宗教信仰，又具有智信色彩。它虽然也以皈信佛法僧为基本戒律，但反对盲目信仰，佛教信仰是基于对佛法理解的正信，决心追随佛法僧为榜样。在当时科学理性至上的时代，适应时机，法师彰显佛教智信传统，以此去会通现代文化思潮，突出佛法是供人作理智上研究的，是宣示万物实相的真谛，以此回应有关佛法迷信的、愚昧的质疑与批判。同时他会通现代思潮解读佛法，厘清佛法愚昧、迷信的内容，促进佛法理性化发展，矫正佛教当下信解行证脱节的时弊，如佛教僧众迷信，不真正信守佛法、懂得佛法，不能实修实行佛法，或妄图彻悟佛法神秘境界而脱离佛法解理与实修。太虚又是坚守佛教立场，以佛教信仰为本位的。他指出佛教不是单纯的理论研究，而是以信为起点，以实修实行为根本，以实证佛果、成就人间净土为目的。太虚法师认为，如果只是将佛法看做是满足人求知欲望的哲学研究，就失去佛法的本意了。法师强调佛法研究解理要坚守佛法的信仰特质，以起行为本，要避免将佛法等同世俗之学，脱离信行证的纯粹学理研究。但是，回应现代理性文化的逼迫，法师确实又重视佛教学理化研究，重视佛教与科学、哲学会通，而在佛教修行实践方面相对薄弱，他对佛法理性化的研究，也隐含了对于佛法所本具、所应有的信仰内容的消解。

## 二、行以戒为本

> 行无数量，摄之为十度，又摄之为三学；严核之、则唯在乎戒学而已矣。何者为戒？恶止善作曰戒。夫恶无不止，则杂染无不离矣；善无不作，则清净无不成矣。杂染无不离，清净无不成，非如来之无上菩提耶？而戒独能达之，故曰唯在乎戒也。彼定与慧，则戒之辅成者耳，非真是与戒鼎立而三者。故定者、令有凝固之力而止而作者也；慧者、令有决断之力而止而作者也；非戒之止之作，则虽有定慧之力，犹不得其用焉。[①]

行无数量，可摄为六度、十度，进一步可摄为戒定慧三学。戒即恶止善作，即以害他即恶、利他即善的善恶标准而进行的行为训练。转杂染、有漏而成就清净、无漏的过程就是止恶行善、持戒实行的过程。一切烦恼、有漏尽离，成就无漏清净佛果就是尽除一切恶，达于至善，就是恶止善作持戒的圆满。因此，行在

①《太虚大师全集》第九编《议篇·议僧制·志行自述》。

于戒，以戒为本。定是心力的集中统一。定是由戒律而成功的，用戒来训练心理的深隐处。戒好比行为派的心理训练，定好比潜意识派的心理训练。二者又都是以止恶行善为目的。慧，是根据觉者的心理，变自心为佛心。要经闻法思义修行的长时训练，由低而高，中间经过十信、十住、十行、十回向、十地的五十重阶级，才得到佛的地位。持戒至于极其严谨而威仪具足的地步，无愧无怍，理得心安，定即由之而成；禅定既成，则慧自生。所以定、慧依戒为根基，未有不持戒而能生正定、正慧的。[①] 而定慧又是以定力慧力成就恶止善作者。

太虚法师认为，戒定慧是佛教修行根本、核心，三者根本不同，慧为根本，戒定为方便，但三者又内在相联不可分。修养心念必需以戒为首，同时，持戒日益进步，就必需修习定和慧。智慧滋养德行，德行滋养智慧，两者共同构成世界的极致。戒与定慧不可分，戒德与终极解脱不可分。小乘佛教严格区分戒定慧，严守戒与定机械规范。大乘以慧为根本将戒定慧三位一体，智慧是终极追求，是戒的精神实质，是其指导与保证；戒是现实道德实践、宗教修行、定慧根基。偏离任一方都不行。太虚法师认为，没有佛法智慧的引领、指导，持戒修行就失去根本意义，缺乏动力，会沦为世俗化、庸俗化、形式化；脱离现实的持戒修行，佛教慧悟解脱追求也会走向经学化、神秘化，背离佛教主旨。

佛教以无明即对世间的错误认识为苦的根源，以转变认识、智慧证悟而获得离苦得乐的终极解脱为最高追求，大乘也是坚持

① 参见《太虚大师全集》第十八编《讲演·戒为定慧之根基》。

以慧为本的戒定慧三位一体，佛教具有典型心理分析特征，认识论特征。尤其中国佛教发展过程中，知识界僧团、上层居士赋予智慧特殊地位，将佛教中心转向形而上的研究，佛教玄学趋于繁复，并进一步发展成为繁琐经学、形而上思辨哲学。哲学与智慧膨胀挤压伦理空间，导致佛教脱离现实伦理生活、持戒修行，背离佛教戒德与成就佛教智慧、成就涅槃不可分的初衷。某种程度上禅宗就是对佛教经学化、形而上化的矫正，强调不要舍本逐末，陷入名相分析、持戒修行的方便中，而掩盖了超越境界本质追求。它强调人人本具佛性、发明本性、见性成佛，强调要以真心证悟达成超越解脱境界为本，宗教实践、道德修养就是内在本性的开发，而不是执著于外在形式与名相分析，但禅宗又往往会走向神秘的内证直观，而脱离真修实证。

法师同样坚持戒定慧三位一体的关系，但他既强调佛教信仰以超越善恶、超越世俗的慧悟解脱为至上追求，又进一步将止恶行善与离染达净、成就佛果合一，将人成与佛成合一，将佛教的实信实行落实在止恶行善的戒，强调戒是成就定慧的根基，定慧实质也是以定力慧力圆满成就止恶行善。特别是对治当时佛教脱离持戒实行的神秘慧悟、脱离人生实际的出世追求、神道设教的鬼神迷信积弊，法师强调佛法根本在于依戒止恶行善的实行。戒是以利他即善、害他即恶为标准的止恶行善。太虚法师认为，佛教戒律是道德规范、生活准则、教团责任，它不仅局限于现世，而是完成佛教最高追求的重要助因和前提。

## 三、戒以人乘善法为根基，以菩萨戒为旨归

知法在行，知行在戒，而戒又必以菩萨戒为归。[①]

戒，梵文本意为调伏，也就是调练身口意三业，制伏诸非的意思。在中土应译为戒、律或戒律。但戒字广义上，是禁制之意，如国家法律、学校规约等，都可称为戒。其中又有善恶不同，如邪教等为其邪教徒所共遵守的戒条，即属于戒禁取的恶戒。善戒，又分为世戒、佛戒。佛戒，梵语尸罗，本意为清凉，即菩萨六度中之尸罗波罗蜜，是清净纯善的戒，能解脱热恼而清凉者。佛戒又约分为二：七众律仪戒、菩萨戒。

七众律仪戒，佛教比丘、比丘尼、沙弥、沙弥尼、式差摩那尼（沙弥尼进受比丘尼戒之前的一众）、优婆夷、优婆塞七众所各自受持的戒律。这七众戒，各自有不同戒条，多少难易、受持等级次序各有不同。如在家男女信众优婆夷、优婆塞须受持三皈五戒，而出家众除了更为严格受持三皈五戒之外，还各自有更具体详细的戒律。凡是发心学佛，不论出家在家，都应当以持戒为第一要义，佛法住世，唯以律仪为本。七众佛徒，如能各循其规，各守范围，融洽相处，和谐共处，不相逾越，就像团体中之严守规则，才能正法住世。违犯此律仪，就是违犯佛规，就是破坏正法。

广义菩萨戒中摄律仪戒，重在止恶，多与声闻共；摄善法戒在集自善，少与声闻共；饶益有情专以舍己利他，与声闻不共。菩萨入俗，佛陀应世，都因为能舍己利他；因此饶益有情的众戒，是菩萨戒殊胜处。但是菩萨戒不能单受，要在受持律仪界基础上

---

①《太虚大师全集》第九编《议篇・议僧制・志行自述》。

领受。菩萨通于七众而没有其他单独部类，优婆来受菩萨戒，就称为菩萨优婆；比丘来受菩萨戒，就称为菩萨比丘。

律仪戒是佛教信徒所遵守的佛教戒律，也是教团生活道德规范、教团责任，以对信众个人行为止恶行善，尤其止恶约束为主。而其中在家信众所遵守的五戒十善，又是五乘共法或人天善法。五戒即相当于儒家五常人伦道德，十善是五戒的扩充。太虚法师认为，五戒十善是世间善戒，比人伦道德更完善，同时又是出世善果及佛果的根基。菩萨戒以发大悲菩提心、修六度四摄利他行为根本，发显佛教真意。菩萨戒融摄人天善戒、七众律仪戒，要在信受人天善戒、七众律仪戒基础上才能信受菩萨戒，但如果耽于人天善戒、七众律仪戒而不发菩提心、不行六度利他行就会停留于人天福报、出世果报，而不能最终成就佛果，人天善戒与七众律仪戒就是不完善的，就失去根本意义。法师以菩萨戒为体，将世俗道德规范融摄进去，作为最基本的一环，也为世俗道德打上佛教信仰的色彩。

古印度佛教由部派佛教发展至以自利利他为旗帜的大乘时期，大乘菩萨戒也随之产生，由摄律仪戒、摄善法戒、饶益有情戒三部分构成。前二者是摄入小乘戒法而来，只是在判别犯戒轻重和持戒态度上与小乘形成区别。如小乘戒严守条文，行为机械；大乘戒善巧方便，灵活变通。小乘戒重在戒行，重他律，重止恶；大乘戒重戒心，重自律，重灭除恶的内心动机。小乘以破无明贪欲出离生死轮回追求个己解脱，小乘戒重在止恶，破个人贪欲；大乘以普度众生的慈悲，倡导自觉觉他、自利利他菩萨行，又在小乘戒基础上增加饶益有情戒——六度四摄菩萨戒，重在利他行善破私心贪心，养护利他心。饶益有情戒是大乘菩萨戒区别于小乘戒的特色所在、殊胜处。大乘戒与小乘戒本质不同，而大乘戒又是在摄受小乘戒基础上发展而来的，二者又具有内在的一体性关系。小乘戒是佛陀随犯所制的原始戒律，主要是七众律仪戒，是不同根机信众、僧众个人修行与集团生活规范。大乘戒是依佛陀制戒精神而确立的，是一种心戒，只有大根机的人才能无须信守具体戒律，受持菩萨心戒而开悟解脱，普通根机的人还要从具体戒律守起，依律仪戒规范身口意，去除烦恼无明，去染成净。大乘菩萨戒离不开小乘戒，是以小乘戒为根基的，而融摄在大乘戒中的小乘戒又要以大乘菩萨精神来受持。

中国大乘佛教命脉所在即万法圆融无碍，人人本具佛性、自性本净、自性本觉、发明本心悟道成佛的如来藏本觉思想。中国大乘佛教戒律以菩萨戒为本，又进一步将持戒修持与道德生活上升内化为信众的本性自觉，强调持戒修行与道德生活要在心性上着力，强调伦理自觉。各种菩萨戒本中又以主张自性清净心、佛性为戒体（戒体即由于受戒所得的防非止恶的体性，这里上升为源于自性清净性、佛性，众生先天本具的止恶为善的道德意志和道德力量），顿立而可单受菩萨戒（不必加受七众律仪界可单受，而且畜生乃至鬼神等变化人都有资格受此菩萨戒成为菩萨）的梵网菩萨戒本为主流。禅宗更依此反对持戒上的形式主义、道德功利主义，主张持戒重在树立即心即佛的信念，唤起内在道德自觉的无相戒法。这种戒律观对治持戒局于形式、舍本逐末等弊端，主张持戒要以道德意识、道德行为的自正自为为根本，持戒重在内心上着力，自觉自律。但其以动机和信仰态度为持戒标准也大开了破戒的方便，又走向另一极端。比如以菩萨戒比小乘戒要高得多，菩萨戒可以取代原始戒律，菩萨戒是无戒之戒、无需持守具体戒条，甚至打着持守心戒的幌子，以严守具体戒律为执障（法执与烦恼障），公然贬低、否定戒律，甚至破戒，犯戒，以内心直观证悟为本而拒绝学法持律等。这也导致后期佛教尤其明清以来末流佛教菩萨戒与七众律仪戒根本隔离，僧众戒律松弛、素质低下甚至无所不为之害。

太虚以中国大乘佛教为本位而倡导入菩萨行的人间佛教，他坚守菩萨戒根本精神，以菩萨戒为戒律旨归，主张菩萨戒旨在养护慈悲利他心，显佛教真意，是佛教最纯净至善戒，不行菩萨道不信佛不能成佛，行菩萨道又需要行菩萨戒，菩萨戒就是佛种。同时，救治菩萨戒与六众律仪戒绝对隔离，以致违背佛陀制戒本怀的时弊，法师又特别强调七众律仪戒为佛法住世的根本，是僧众、信众修行清净、僧团和合，乃至道德净化的根基，而且只有在受持律仪戒基础上才能领受菩萨戒。更为特别的是他将七众律仪戒中的三皈五戒十善作为人乘正法，也可以说是世间善法，将世俗道德融摄在佛教戒律当中，将二者融合一体。而受持人乘正法、七众律仪戒具体戒条又要遵循旨在道德意识、道德行为净化的持戒本质，要真信实守，受戒、持戒、判罚都要以菩萨戒为最高追求。由此法师以菩萨戒为本体，以人乘善法、律仪戒为根基创进化戒律系统。

### 四、瑜伽菩萨戒本殊胜

太虚法师认为，大乘戒散见于大乘各经论，有梵网经、缨珞经、菩萨优婆塞戒经、密宗三昧耶戒仪轨与瑜伽菩萨戒本五种，而能发挥菩萨戒中摄善法戒、饶益有情戒最殊胜相的，就只有瑜伽戒本。此戒本专门明了如何修六度以修集各种善法、如何行四摄饶益有情，集中体现了大乘菩萨的特殊精神。

大乘菩萨戒往往以戒除杀生、偷盗、邪淫、妄语、饮酒、说四众过、瞋心不受悔、自赞毁他、似法愚人为十重戒，此戒本以与律仪戒不共之后四为四重戒，名四他胜处法，防非止恶诸轻戒所包摄的，如第一不礼拜供养，第二不尊敬耆德，以至于诸有情所应作事不为助伴等，都是积极让人行善而不是止恶。此菩萨戒法，以菩萨戒为根本，专明菩萨戒，同时又强调信修善法戒与饶益有情戒要以律仪戒为基础。

> 此菩萨戒以发菩提心为体，即以断除贪瞋痴等私心、贪心，养护慈悲心、利他心为本。受菩萨戒、学菩萨法，以智慧为先导，于心地上关照。戒体的获得及毁忏、重受，都以正知正见、智慧为指导，以对慈悲利他菩萨戒精神实信实行为标准。犯四重罪意味所得戒体即内在道德意志丧失但仍可重受。对待持戒、犯戒，不是刻板遵守形式，而是不拘形式、灵活对待，即使一事上也有犯与不犯、染与非染的区分。
>
> 受学此菩萨戒法，须以智慧为先导，故应先依菩萨藏之经论有深切研究，得到圆满透彻之正解时，方

> 有正见正知。其正知见既已成就，即以之为先导，方可行持菩萨戒法。因此、菩萨戒为入俗利生之事，不易行持。持此戒者，常于心地上观照所作之业，犯与不犯，须有确切之审度与标准；若无最高智慧以为审度标准，则虽已犯而不自知，便亦不能忏悔以求清净，则即无由学持此菩萨戒。若梵网经所说之戒，其作与不作，皆为刻板之规定，故犹易持。而此戒法，则在同一事上，有犯不犯、或染不染，在纤微间，甚难决也。故须有智慧为先导，方能受学。[①]

菩萨戒法在于契真入俗的中道行，此戒法中，处处都能表现理事双彰、真俗并到（本体与现象一体两面，即世出世，出世不离入世）的大乘了义行（究竟圆满的大乘菩萨行）。菩萨修行六度，在有情众生世界的现实生活，行一切利生事业才是修行正道。修行既不能脱离人生、社会空心静坐，又要遵循一定的戒法、办事规则，有菩萨的追求。此菩萨戒是极其契合当时七众佛徒实际上办事应用的。太虚法师认为，在当时俗世环境中，离世隐修以求自了已行不通，佛教徒众勤修利乐社会大众的事业，才能显示佛法真精神，提升道德。此契真入俗的菩萨戒为在家出家佛徒真正需要的，而在家佛弟子设立居士林，结群集会以弘化佛法，求得养成良善道德的标准法，尤其要重视此菩萨戒法。

瑜伽菩萨戒突出菩萨戒精神，受戒、持戒、犯戒受智慧佛法

---

①《太虚大师全集》第八编《律释 · 瑜伽菩萨戒本讲录 · 显要旨（一　应了知者三事）》。

指导，灵活方便。与梵网戒不同，瑜伽菩萨戒突出摄善法利他的菩萨戒精神而又依律仪戒渐受，是出家在家兼容的。太虚法师认为，梵网戒自古盛行其实难行，国人虽推崇它，千百年来却没有人能实行它；瑜伽菩萨戒是在人情能够接受的范围内制定，对戒律的许可与阻止又无比善巧，更契应当时社会。

此外，优婆塞戒经是善生长者向佛问法而言说的，是具体针对在家人及外道初信俗人到成佛历程的详细指引。法师对优婆塞戒经尤其重视，专门宣讲此经，认为此经正是教凡夫学发菩提心、学修菩萨行、深合自身意趣的。他指出该经重心有三：一、以优婆塞戒为全经重心，从如何修菩提心、悲心而受戒到成为优婆塞后如何修持戒行。二、以在家菩萨为重心，此经全部各品，都在策进在家人修菩萨行。三、以发菩提心为重心。此经是具体指引在家佛徒修成菩萨的规范，最能普及人类；如果世人都能依据此经去发心修行，那么就可依此建立人间大乘佛教，而此世界人类也将可以由此而获得和平与安乐。[①]

对优婆塞戒经尤其是瑜伽菩萨戒本的重视与阐释，也显示了太虚以菩萨戒为本，对于受戒、持戒、犯戒的思考。法师继承中国大乘菩萨戒的传统，以断除贪瞋痴等私心、贪心，守护慈悲心、利他心为本，受戒、持戒、犯戒都依于此以智慧为指导灵活对待，重视持戒内在精神。不同点在于，法师认为佛法真意即由凡夫学发菩提心，学修菩萨行。而菩萨行是上契佛理下顺俗情的中道实行，从人道做起，以做良善的人为起点，在利乐他人的社会公益

① 参见《太虚大师全集》第八编《律释·优婆塞戒经讲录上·重示》。

行中践行六度四摄行。菩萨戒就是修行菩萨行的行事规范，就是以出世不离入世的中道精神在人生社会、世俗生活中践行佛法利他的精神。佛教徒众可以此菩萨戒法为旨归、为规范，在个人修养特别是利乐社会的事业中修行菩萨行，完成从人到佛的追求。太虚法师认为，菩萨戒是以学菩萨作佛为最高追求、做良善之人尤其是利乐社会的规范与实行。

太虚力倡人成而佛成的人间佛教，力倡在人格养成、利乐社会中发菩提心，修六度万行的菩萨行。他将道德实践与佛教修行融为一体，将世间善法融摄在出世善法中，形成佛教戒律与世俗道德合一的独特戒律观。太虚戒律观是以大乘菩萨戒为旨归包摄人乘正法、律仪戒的层创进化的戒律系统，将人乘正法、律仪戒作为菩萨戒所依的基本环节，以菩萨戒为体来界定。菩萨戒狭义上是发菩提心与六度四摄，广义上人乘正法、律仪戒都属于菩萨戒，三皈依兼具发菩提心是菩萨行初级阶段，受持五戒、十善便为在家菩萨众，受持沙弥、比丘戒便为出家菩萨。人乘正法就是以佛乘为体、为最高追求的人生道德。而菩萨戒彰显佛教真旨，以自利利他为本，是佛教说一切道德的基础，是信众人生道德的究竟、完满，也是其根本道德标准。

太虚戒律观继承佛教戒律尤其大乘佛教戒律传统，又契应当时情况，有所矫正，有所发展。依律摄僧，以戒关照个人修行、僧团和合，以戒为师的制戒本怀与随犯制戒、因地因时制宜的制戒原则，是贯穿太虚戒律观的基本精神。他主张佛法摄教理行果，其根本是实行，而行又必以戒为本。他认为当时佛教高者隐修低者送死，迷失佛教真意，更要回归依戒止恶行善的实行，依人乘正法净化世间道德，依七众律仪戒提升僧众修行素养，和合僧团，以正法住世，更要归向菩萨戒而终至成就最高佛果。他对七众律仪戒与菩萨戒关系及各戒相解读，持戒、受戒、犯戒的把握都在坚守佛教立场的同时，契应时机，融入现代要素。

太虚法师认为，受持戒律应立足净化心行的持戒本质，以佛法智慧为指导，在心性上着力，不拘形式，对待受戒、持戒、犯戒灵活变通，强调受持戒律的自觉与自律；还是应对受戒、持戒、犯戒都要有明确、详细、严格的规定，并且要严守形式与规范，依此具体落实戒律，约束、净化人的行为，正身而正心，强调戒律的制度性、强制性、约束力。太虚法师认为这一矛盾又具体体现在注重形式与规范，强调他律的小乘戒与注重持戒精神，强调自律的大乘戒的关系上。处理好这一矛盾，保持自律与他律、形式与内在的相对平衡是佛教戒律健康发展的核心问题之一。在这一问题上，太虚一方面是以大乘菩萨心戒为本，主张菩萨戒是显佛教真意的至善戒，本质即断贪瞋痴养护慈悲利他菩提心，受持戒法要以大乘佛法智慧为先导，在心地上着力，灵活变通。另一方面，在中国大乘菩萨心戒为主导的戒律传统下，重内在轻形式，重自律轻他律，以致走上七众律仪戒与菩萨戒的分离，甚至贬低、否定具体戒律，使戒律失去规范与约束力，戒律松弛、僧众素质低下，最终反而丧失了菩萨戒所追求的持戒精神。矫正当时戒律中自律与他律、内在与形式分离的时弊，法师又特别强调七众律仪戒是佛法住世的根本，也是摄受菩萨戒的基础，是不可缺少的环节。太虚法师认为要真实信守律仪戒，同时又要以菩萨戒为导向、为指导，持戒、受戒、犯戒都可随顺不同环境、不同根机灵活对待。太虚戒律观是以大乘菩萨心戒为本融摄七众律仪戒，自律与他律、内在与形式的辩证统一。

太虚法师认为，佛教戒律多而不乱，有其内在结构体系、层次结构，不同层次人制定不同戒律而且与佛教理想境界层次性相应，层次递进，在承认众生都有达到成佛可能性前提下，允许并鼓励人们逐层提高自己道德水平。太虚将三皈五戒十善人天善戒、七众律仪戒，作为摄受菩萨戒的根基，而人天善戒、七众律仪戒又要归向菩萨戒，以菩萨戒为终极意义，建构起以菩萨戒为本体，以人乘善法、律仪戒为根基的层创进化戒律系统。太虚戒律观是对于佛教戒律与道德理想境界相关的层次性、渐进性传统的继承与现代发展。他以中国大乘佛教为本位，学菩萨作佛为最高追求，以养护、成就慈悲利他心为戒律根本精神与最高标准，特别之处是将七众律仪戒中的三皈五戒十善作为人天善戒、世间善法，将世俗道德融摄在佛教戒律当中，将二者融合一体。太虚法师认为，世俗道德规范是摄受菩萨戒最基本的、必不可少的一环，而菩萨戒是世俗道德的增上与完成，也是世俗道德的终极标准。佛教戒律修持与世俗道德生活融合一体，为世俗道德打上佛教信仰的色彩，受持菩萨戒、学菩萨作佛也被具体落实在利乐他人、服务大众的俗世生活。

## 第二节　以世间道德为核心的人乘正法

太虚将佛的教法归为三类：大乘不共法、三乘共法、五乘共法。五乘共法，以人生道德为核心，是由人乘上升到天乘和声闻乘、缘觉乘、菩萨佛乘的根基，是五乘人所共同修学的教法。佛法根本就在于五乘共法，重在教人养成善的思想和行为，构建人生社会合理道德。五乘共法即人天乘法又以人乘正法为根本，既是人伦道德又通于天乘，是成就出世圣果乃至究竟佛果的基础。佛教人乘正法虽源出佛乘，但并非一味追求体玄证真，而是以人伦的习惯风俗性情为质地，并以佛教人乘正法为准绳，使人世生活都纳入人道正轨。

太虚法师认为，人伦的道德理法，是以人类共同生活为基础而产生的，不是人类因道德理法而生。生死流转，受生为人，外患逼迫，互利共存而成社会。为求和合繁盛而有人文教化，化导民心，而形成人伦道德理法。人类的生存蕃昌文美安乐，都有赖于人伦道德理法，否则人类必将导致争夺残杀险乱困苦之中。而此人伦道德理法，又内化为人类的良心，成为人类不可缺、不可离的性情本质。人类受制于自然世界，难免会因人为或自然原因而陷入残疾、疾病、灾祸乃至失去自立能力，因此须行人道的慈善行业。

太虚法师认为，人伦的道理及慈行，不外乎安分守己、互利共存，这是伦理的最高原则。人乘正法旨在阐明此人伦道理，推行人伦慈行，顺应国情民俗方便施教。法师以佛法说明人生道德缘起存在的合理性及道德最高原则，依此确立人在世间立身处世的准则，并将人生道德作为上求佛道的基础环节。太虚法师认为人乘正法中三皈、五方、五戒十善等既是佛教五乘共尊的基本戒律，又是人生道德基本规范。

## 一、三皈依

三皈依，即皈依佛法僧三宝，是佛教最基本的礼仪，无论在家出家都必须奉行。三皈依基本仪式为礼拜一位比丘为皈依师，由所礼拜的皈依师在塔寺中佛像或佛经前，供奉香光，奏钟梵之乐，为其解说三皈或一戒以至五戒；赠与佛像或佛经或缦衣或念珠；为其取一皈依三宝法名；教导其每天清晨行三皈礼或念佛名。

三皈依包括结缘皈依与正信皈依两重三皈，是作为菩萨行最基本的初步阶段。

> 初步皈依三宝，是结缘皈依。当从信仰佛法者的心中，发生一种热烈要求的时候，向着佛法僧住持三宝面前，以舍身心生命的精神，口中宣誓皈依的词句：
>
> 我弟子（自称姓名及法名），尽形寿皈依佛法僧！尽形寿皈依，是说我某人尽此形相色身，尽此毕生寿命，从今日起皈依三宝；如失巢之禽皈投故林，如孩童之依恋慈母，决不中途变更逃逝。[1]

初步结缘皈依，重在让人与佛结缘，成为佛门弟子，皈依者不必具有深厚宿根，或深切了知玄妙佛理。来受皈依的人，只要

①《太虚大师全集》第二编《五乘共学・义释・佛教人乘正法论》。

对佛法僧有正确的认知、明确的信任，愿意虔诚皈依，愿永远作佛门弟子，更不会皈依其他宗教，就能成为菩萨学处初位初心的菩萨。

太虚法师认为，这初位初心菩萨应作应为的行业，即是“好善乐施，消灾集福”。初心菩萨，能够如此行，也就成为世间的善人。

正信皈依，大部分是经过结缘皈依的，但学识丰富、能欢喜信受大乘佛法者也可不受结缘皈依而直接受正信皈依。受正信皈依时，信仰者应向皈依师宣以下誓愿：我弟子（自称姓名及法名），尽未来皈依佛法僧！信仰者行礼同时，真实、热烈地信受大乘佛法，将自己的一切与自他平等的三宝法界融为一体，生起无缘大慈、同体大悲心。在理智正信的基础上，誓愿从无始的过去到无终的未来，都将献身于三宝的法界。太虚法师认为，这是由正智而成就的永恒信心，能立此信心，心中即发生一种智慧抉择的能力，“破迷立信，崇正黜邪”[①]，成为正信皈依的菩萨。

太虚法师认为，佛教三皈依即皈依佛法僧，不同于完全依赖信仰的一神教和把敬信本身作为目的的宗教体系，是对佛法僧有明确的信任，为脱离世俗的罪恶和苦难，决心追随佛、法、僧的引导或光辉榜样。三皈依是佛教徒基本道德义务。法师认为后世佛教迷信重死，偏离佛教的本质，应剔除佛教迷信色彩，恢复正信佛教、无神佛教，因此他尤其强调佛教三皈依智信传统并有所

①《太虚大师全集》第九编《制仪·僧制·菩萨学处讲要（二　皈依三宝－乙　正信皈依）》。

发展。他将三皈依界定为结缘皈依与正信皈依两重三皈，以结缘皈依为初阶，正信皈依为根本，即皈依三宝，与佛结缘，进而真实信受大乘佛法，兼发慈悲利他菩提心。太虚法师认为，皈依佛法僧，是教导人不入人生邪途；发菩提心，是让人不仅仅贪恋、停留在人天福果及出离生死寂灭的小乘圣果，而是要发达人生的过程中学菩萨作佛。两重三皈是修菩萨行的基础，由此而直趋菩提大道，一定成佛。太虚法师认为，完成两重三皈，树立佛教正信是不入邪途乃至究竟成佛的初阶，如此人格根本才能确立。两重三皈依既是佛教最基本的律仪，也是佛教人生道德的基础，是在家出家佛教徒、五乘人都要遵守的最基本的道德要求。

## 二、《善生经》六方与儒家五伦

《善生经》是佛为一位名为善生的长者所说的经，此经主要讲述有关居家佛徒居家生活的伦理责任，如何处理父母与子女、丈夫与妻子、君臣之间、朋友之间、师生之间、主仆之间的关系，如何保持合理的生活方式等。法师尤其重视此经，把它作为五乘共法详细宣讲。他对于此经经名解释除了传统说法外，还作出另一种独特解释。太虚法师认为，生而为人是过去善行的果报，人类生命的维持不退依然要靠善行的道德，因此善就是道德，善生是说人类生命的获得、保护、维系不退都是善的道德的结果。

法师将《善生经》解读为五乘共法、劝人弃恶从善的人生道德论。他随应世俗，将《善生经》中礼拜六方解说为世俗社会的基本人伦关系及其合理规范。

在此经中，借古印度当时礼拜六方的风俗，佛以东南西北上下六方说明六种基本人伦关系及其应当规范：以东方比父子，父母慈爱、养育子女，子女应孝敬父母；以南方比师长，老师诚心教导学生，学生应敬重老师；以西方比夫妇，夫妇之间应当和睦与爱敬；以北方比君臣，君臣应相资相助相济相成；以下方比主仆，主仆之间应主慈仆从；以上方比神圣，对于佛和圣贤等要具有正当的信仰和礼敬。如此，就能人人过道德的生活，人格完善，社会和睦，美好。

儒家将人与人之间的关系归为君臣、父子、兄弟、夫妇、朋友五伦，并产生出五种最适宜最合理的伦理道德。太虚进一步将礼六方与中国儒家五伦会通，认为师长、主仆等可摄入朋友、兄弟之中，认为《善生经》的六方与儒家五伦一样，是教人合理对待人与人之间的关系、过道德的生活，是人生伦理道德的发明。

**三、五戒**

佛教五戒为不杀生、不偷盗、不邪淫、不妄语、不饮酒，是佛教居士即在家信徒所必须遵守的五种基本戒律，旨在保证在家信徒在世俗生活中，避免沉溺于非法纵欲生活，遵循佛教中道。它也是有关行为规范的道德律令，并与佛教信仰、佛教追求相关，具有极强道德约束力。法师将五戒定位为佛教人乘正法，是菩萨行的初步、在家出家菩萨所共同遵守的道德律令，认为其是人类伦理道德不可缺少的基本条件。太虚法师认为，人人只有守持五戒，才能实现道德上的完善、人格的完备。

佛教儒家化、伦理化过程中，适应传统社会，契应儒家伦理纲常，五戒与五常特别是孝道融合。儒家有五常，佛教有五戒，儒家重孝，佛教更重孝，但五戒与五常的具体内容并未一一对应、深度融合。法师进一步在顺应人伦习俗、国法民情，适应世间安分相利、和合共生需要来方便界说五戒，并且以五戒矫正、规范、引领人道。他继承传统佛教以五戒融摄五常的理路，契应佛理，适应时机对五戒现代解读，从消极、积极两方面界定五戒，消极方面就是戒除不正当的行为，积极方面就是推行正当的行为，与五常一一对应。法师仍然以儒家仁义礼智信五常作为基本伦理范畴，也保留了以往合理道德内容，但他又将五戒与五常界定为人类共生共存不可缺的伦理道德，对五戒与五常的界说也是适应当时社会，具有现代性的。

不残杀而仁爱：

不残杀，即不伤害、断灭一切有情类生命。即使杀生凶器也不能拿，恶虫也只能防除，不只是不残杀人类。执刑、屠畜、煮蚕等都在禁止之列。但是根据国法民俗的具体需要，凡是国法允许、现实需要所起残杀，比如卫国杀敌、依法惩处罪民、杀灭毒虫消除瘟疫，这些都是以残杀方式制止杀生之事，虽是残杀行为，但可以根据具体情况衡量轻重灵活对待，不与国民义务相冲突。屠猎等事业则可以改操，不能改操则可暂不受此戒，如此就不算违戒受恶报。

太虚法师认为，人没有不愿自己得福乐而免灾苦的；推己及人，爱人如爱己，希望人人都能得福乐而免灾苦即为仁爱。如果人心没有约束，不善则恶，必须彻底断绝残杀行为，仁爱才能扩充至周全；必须周备、完全仁爱的行为，残杀之根才能拔除。因此人们应行仁爱，应当爱妻子儿女，爱父母，爱师长，爱兄弟友朋，爱幼弱，爱国民，爱国家，爱人类，爱尽宇宙一切有情众生。

法师的不杀生戒突出体现了他契应现实，以持戒内在精神为本，不拘形式，灵活方便解读戒法的精神。他又从积极方面将不杀生界定为于人于物仁爱的行为，是人类共生共存必要的条件。他认为如果人与人之间互相残杀，那么社会的和平团结无法实现，甚至人们的存在都将不可能。他的仁爱是由人人本具仁爱心的推己及人，由父母子女亲情之爱的不断扩充，而且也强调了对于不同人爱的不同内涵，如对儿女要慈爱，要以报恩心爱父母，夫妻间要情爱专一，敬爱师长等。他的仁爱观既保持了传统儒家仁爱的内容，另一方面又顺应当时时代特色，如突出了平等博爱。

不偷盗而义利：

偷即诈骗暗窃，盗即强劫豪夺。简而言之，人们之间的财物、主权转移必须依正义，不与而取、非分而取、无功而取都是偷盗。除法律所禁的直接偷盗，其他如赌博，无所事事，游手好闲，不是靠正当职业谋生的，勉求度日而不图进取立身的都是所应当禁止的间接偷盗，不合义利行为。

太虚法师认为，能资助生活而满足欲望即利，合理求利即义；付出与所得相称，既利己又利人即义利，人人行义利，偷盗行为就消除了。人在社会中生活，饮食起居的一切都靠社会大众资养，人人都应从事农、工、商等职业，辛勤劳作，服务社会大众，才能与社会交相互利，人人各得其所。应当根据习惯，从事按劳取酬、利己利人的事业，应当教育儿女，孝敬奉养父母，供奉师长，救助幼弱，帮助亲朋，互利国民，纳税守法拥护国家。

法师在继承不偷盗原本含义的基础上，将其消极方面扩展为一切不正当的求财行为，积极方面发展为义利，人类正命的生活、正当的行为。太虚法师认为，他人的私有物，必须以正当途径，依法获取。对于他人财物，以非法方式获取，或强抢，或偷窃，或欺骗取得，如果此种行为普遍化，倘若人与人之间都演成这种行为，人与人便不能和谐共存。义即在社会人群中生活，安于自己的本分，尽自己的义务。传统儒家义主要是尽人伦的本分与义务，这里太虚法师将义发展为义利，认为社会共生共存之下，人们在社会生活特别是经济生活中，须尽自己在家庭、国家、社会中的义务，如理如法地追求财富。

不淫邪而礼节：

> 淫指男女胖合之事，不正洁之胖合则为邪淫。不非人淫：除依国法民俗所正式结合之夫妻外，不得行淫，乃至男与男、女与女及一切畜生等，均不得行淫。不非器淫：除夫妻之男女根外，若自他身、若内外物，一切不得取以行淫。不非处淫：除夫妻之房室床第之外，于一切处不得行淫。不非时淫：于一切不宜行淫时，不得行淫。①

男女欲情，最容易超越常轨，礼节就是由此而产生的。调理、端正男女欲情，是礼节的根本。

---

①《太虚大师全集》第二编《五乘共学·义释·佛教人乘正法论（八　不淫邪而礼节）》。

不邪淫，是人类繁殖、子孙衍续的人伦本分。佛律允许在家菩萨夫妻牉合，认为是正当的行为，是正淫，除此之外一切性行为都是邪淫。如果人人邪淫，必然招致乱群乱伦的恶果，并且后一代子女因此不能得到应有的抚养、爱护。只有男女间依礼依法正当牉合，才能使人类自身行为不越礼违规，和平相处，繁衍生息。世俗社会，要凭藉伦常礼节来纯洁、规范人们行为，端正社会风化，增进民生根本；在佛法则靠不邪淫戒。

法师依禁止男女之间不正洁牉合的基本原则，在现代社会婚姻法律关系框架下，对应当时两性关系的实际对不邪淫作了全面而多元的灵活解读。不邪淫根本内涵即戒除正当配偶之外的苟合，并且从积极方面将不邪淫界定为端正男女情欲、人力繁衍生息的根本之道。礼法是对于人与人之间行为规则的约束，传统儒家礼法侧重于人伦宗法，这里虽也有伦常礼法的含义，但主要是调理人欲，特别是男女情欲，使人的行为合理化，人类能和平相处，繁衍生息。

不欺诳而诚信：

欺即以权术愚弄人，诳即以谎言欺诈人，诚即公私合一，信即言行相符；不欺诳才可以诚信，积累诚信才可以断绝欺诳。人必须结成社会而生活，社会的团结力靠规则维系，规则的力量来自于诚信。没有诚信就没有和合团结的社会，小到一个家庭夫妻间不能以诚以义相处，大到国与国之间也是尔虞我诈。诚信，即是不自欺，应当以一切时、一切处不妄语为根本。

法师将不妄语诠释为不欺诳，主要突出与人交往不愚弄人、不欺诈人，又从积极方面将不欺诳界定为与人相处言而可信、言顾行行顾言、言行一致的诚信精神。他的诚信观保持了传统诚信观内在与外在、言与行的一致理念。但太虚法师认为传统诚信观只突出道德上的自觉性、知行合一，他更强调为保持社会和合，在与人相处中不欺诈、守信用、守规则。

不服乱性情品而调善身心：

太虚法师认为，凡饮食之外含有引起人刺激兴奋成分的一切，都易成为嗜好，腐败身心并扰乱性情，引起盗邪等恶行。因此要养成智者的品格，鸦片、各项烟草、酒等各项兴奋性、毒性药品都在戒除中。认为人们饮食起居日常生活的一切都有一定的常度，身心才能自然调善。

法师根据现代生活的实际将不饮酒发展为禁食一切能乱性，造成人堕落、懈怠等的烟草、酒，尤其毒品。智是道德认知，儒家的智侧重知善恶、知做人的本分，主要是内心认同与坚守人伦纲常义务，这里智仍然是道德认知，但它是对饮食起居等日常生活行为合理规则的认同与恪守。

不残杀而仁爱，不偷盗而义利，不淫邪而礼节，不欺诳而诚信，此四条统称为性戒。太虚法师认为，性是实在的意思，其行为本质就是罪恶的、必受恶报的，不仅是佛法，也是世俗社会普遍所制裁的罪恶。不服乱性情品而调善身心独称为遮戒。遮是防患未然的意思，其行为不具有实在的恶，往往只是佛律所禁行的，饮食酒精、毒品等行为虽然不直接侵害他人，但易成嗜好，使生理心理失去健康，并容易扰乱人的性情而引起淫杀等恶行。

受增上五戒。即依前具足五戒而更增广高尚的五戒。一、毕竟不造一切残杀业，而慈护一切有情生命。二、毕竟不造一切偷盗业，而力谋一切同胞利益。三、毕竟不造一切淫邪业，而以礼节纲维民俗之风化。四、毕竟不作一切欺诳语，而以诚信正直人伦之名守。五、毕竟不服乱性情品，而修洁端治其身心。

> 佛教三世因果五趣轮回是人生世界真相，信依此理可知，五戒，即为人道正因，一戒不守，必堕三涂（即畜生等）；人人一戒不守，则人道断绝矣。守一戒至三戒，虽得为人，未能完全人格；人人守一戒至三戒，人道可由之而保存。受持四戒，人格乃全；人人受持四戒，人道可由之而蕃昌。受持具足五戒，则为良士；人人受持具足五戒，人道可由之而进善。受持增上五戒，则生生于人类为大圣贤；人人受持增上五戒，则虽地球变成忉利天界可也。①

以五戒为受生为人的根本，太虚法师认为五戒持守如何直接决定了人格的获得与人道的保存。皈依师为众人受五戒，应当任受戒者自由选择。受戒者可以根据自身情况循序渐进，选择由一到五戒分层受戒。太虚法师认为众生既然选择了受戒，就必须严格遵守，没有必不得已外缘，不能轻易退戒。如由于迫不得已的因缘而不能守戒，就应当宣告舍戒，不能不舍戒而又不守戒。应时时自省，有犯戒过错则改之，无犯戒过错则继续努力，不断积

---

①《太虚大师全集》第二编《五乘共学·义释·佛教人乘正法论（十三　持戒之因果）》。

聚善德，成就自身。或因外缘，或因自己不知，对于所持戒误犯的，应当于佛前揭发恶行并且忏悔，改过自新。受戒，根本上要以内在善心监督来守持笃行，如果受戒却不能身体力行，甚至故意犯戒而又掩藏，自欺欺人，则犯戒更严重。法师突出受戒、持戒形式与实质的一致，强调要以内在自觉自律为本，不能自欺欺人，不能表里不一。

同时，太虚法师认为守持五戒也是出家菩萨应遵守的基本道德行为，而且比在家菩萨更严格。比如不邪淫戒，在家菩萨夫妻间耦合是正当的，是可被允许的正淫，出家菩萨既舍离家俗，则一切不许。

## 四、十善

十善即身不杀、盗、淫，口不妄言、绮语、两舌、恶口，意不贪、瞋、痴。十善在五戒中开出，即略为五戒，详成十善。语行四善——口不妄言、绮语、两舌、恶口，是从五戒中不妄语引申发展而来。绮语，是以夸大其词、花言巧语、浮夸华丽语言等迷惑、诱惑人。萎靡不振的音乐、淫荡的歌曲，是最严重的绮语。两舌，即用语言挑拨离间，两头挑拨，致使骨肉离散、亲近相爱的人成为仇敌。小到害人家庭，大到谋士挑拨各国关系，挑起世界大战。恶口，即以粗话、脏话、恶毒的话等侮辱人、伤害人。这些话语都不符合事实，都包摄在妄语中。意行三善——不贪、瞋、痴，是从五戒中不饮酒戒引申发展而来。五戒中不饮酒戒重在从消极方面强调饮酒对恶行构成助缘，戒除饮酒，十善是从正面进一步指出如何消除饮酒会引发的那些恶念恶行，生起善念善行：贪爱，是吝啬自己所有应舍不舍，贪爱别人所有求取无厌；瞋恚，即暴戾憎恨怨怒，不能慈爱众生万物；愚痴，即愚痴邪见，不能明智地抉择事理。贪瞋痴，是凡夫众生普遍具有的三种根本烦恼，根本消除此三毒，凡夫即为圣人。学菩萨的人应该时时修习布施、慈悲、智慧来克服三毒。如果放纵饮酒，意念心智昏聩，三毒泛滥，身语行为也更加不能自控行善。

五戒与五常相应，十善由五戒开出，“可知佛教的十善道德，就是儒家的五伦道德，而且是更加周密详尽的。”[①]

太虚法师认为，十善不仅是世间的善行，也是一切世出世善行的大法门。受生为人还是上升到天都是十善业的福报。太虚法师认为，五戒就是人伦基本道德，受持五戒就可获得保持人格完备。但是上升于天就必须具足十善的道德行为，上升到欲界天以上色、无色界天，也不过是具足十善业基础上再加深一层禅定功夫。出离生死烦恼，成就出世圣果——声闻、缘觉、菩萨菩提果，也都要以十善业为根本。所以十善行可以摄尽一切大乘戒法。由戒生定，因定发慧，就是修行十善业的不断深入增强，而由定成慧，就是十善业的究竟道，因此出世三圣果，也是包括在十善业内的。

太虚法师认为，修行十善业也是实现人间乐国最切实、最紧迫的要求。人类的痛苦、残杀，都是由于人们不行十善业、专行十恶业的结果。宗教家、哲学家等任何有思想的人，都希望建设

---

①《太虚大师全集》第二编《五乘共学・义释・佛学之人生道德（六　人生道德之十善与五常）》。

相亲相爱和平安乐的世界。而要想实现人类和平幸福，就要消除十恶业，奉行十善业，如此古今中外圣贤理想中的天国都不难实现。

太虚法师认为，学菩萨应从作良善的人开始，守持五戒，过人伦道德的生活，完备人格；能行十善，守住人身不退进而由人上升于天。同时学菩萨目的是在成佛，不是仅求自己的享受，还要于人天的境界中，更精进完善自己的智慧德行，净化大众。菩萨应在不舍大众，服务大众中学习菩萨道。

> 在家菩萨，应认清这条路线，才是善学。否则，便与佛法宗旨背道而驰：同时做人的资格也不能保全。①

人乘正法，即修三皈五戒十善等善行以得人生，又依此善行以保持人格并不断增上，以致成就佛果。太虚法师认为，佛是应化在人间，故所教的众生以人为对象，以人为根基，其初成道时即先为善生长者等说五戒十善等人乘善法。此人乘善法乃人与人之间互相资助关系的人伦道德，也可上通于天乘，进而可为声闻、缘觉等出世善法的基础。太虚法师认为三皈五戒十善等人乘善法，是于己于教于人类应有基本道德修养的教条，甚至人只有信守五戒十善等，世间道德才能真正净化实现。“非持佛教五戒之戒律，必难保五常之儒行；若能遵守五戒之戒律，其五常之儒自在其中，斯亦恶止而善行之程序则然也。”② 守持五戒，人伦道德无缺，取得人的资格。守持五戒，世间人格完善，继而守持十善从人而

①《太虚大师全集》第九编《制仪 · 僧制 · 菩萨学处讲要（三　三乘共戒 – 甲　在家众的五戒十善）》。

②《太虚大师全集》第十三编《真现实论宗用论 · 道德 · 集团之恶止善行》。

天，成就出世圣果乃至佛果。太虚法师认为人乘正法是学菩萨作佛的基础，它们是这一进化过程中应有之意，而学菩萨作佛才是人的真正意义、真正完成。三皈五戒十善等人乘正法，是佛教以之发挥人生道德的根据。它又是以佛教自他两利为至善标准，不害他为消极的道德，以能利他为积极的道德，以圆满成就自利利他、学菩萨作佛为最高道德追求的。

僧是佛教三宝之一，僧团是主持佛法、保护佛法、传扬佛法、佛法住世的根基。在僧团形成之后也随之出现了在家修行的信众团体，他们学习教义，持守戒律，帮助、支持僧众护法、传法，成为佛教不可或缺的一支重要力量。佛教不宣扬履行世俗义务是解脱的途径，甚至倾向于只有出离俗世才能获得最终解脱，但又指出僧众与信众在佛法领受与契证方面又是没有根本分别的，信众也可与僧众获得一样高的修行成就。佛教信仰塑造、引领信众俗世生活，为他们制定伦理规范，树立道德实践导向的目标。有关在家信众如何依佛教信仰合理担当其对亲友的责任（子女与父母、夫妻之间、朋友之间、师生之间、主仆之间等的责任），与生活方式相关的责任（合理正当的职业、合理的财富追求、占有与支配等），合理处置与国家、社会的关系，过纯净世俗生活的内容，在诸多佛教经典中都有详细的论述，其中五戒十善又是核心内容。五戒是在家信众所遵守的基本戒律，是阻止信众沉溺于非法的纵欲行为、保持合理俗世生活的基本道德规范。佛教的中国化也可以说是伦理化，又以佛教五戒与儒家五常比附、与孝道相融通为核心内容。十善是沙门与虔诚、不恋家的信众短期或终生持守的基本戒律，旨在节制信众所有感官享乐，净化信众俗世生活。十善基本上就是日常生活道德规范，初期大乘从一开始就提倡十善法作为转轮圣王使用的治世方法。在大乘各种《菩萨戒经》中都有十善法，有佛教转轮圣王用十善法教化自己及天下不堕恶道、保有人道增上的说法。佛教有以五戒十善为中心教化众生，引导、净化世俗道德生活的传统。法师将五戒十善进一步发展为人乘正法，认为人乘正法既是世俗道德的新诠释，也是佛教戒律修证的根基，将世间道德与佛教戒律修证融为一体，在当时的社会建构世俗道德合理性，并对五戒十善应机解读。

## 第三节　大乘菩萨戒

太虚法师认为，佛法真旨只在发显能得无上正遍觉，以真实成就圆满一切有心者所同好而百计不获之常乐我净的如来乘。学佛不是脱离现世人生，不是只求自身人天福报，或只求自身了脱的出世寂灭，而是奉行三皈五戒十善等人乘正法，从做良善的人开始，同时发菩提心，修六度四摄利他行，不断增上，直至成就无上佛果，完满人生。

太虚法师认为，菩萨戒，就是大乘菩萨行戒法，是最纯净至善戒。广义上菩萨戒又融摄人乘正法、律仪戒，把它们作为根基，要在信受人乘正法、律仪戒基础上而信受菩萨戒成为菩萨众，修菩萨行。但如果耽于人乘正法、律仪戒而不发菩提心、行六度四摄利他行就会停留于人天福报、出世果报，而不能最终成就佛果，人乘正法与律仪戒就是不完善的，就失去根本意义。狭义上的菩萨戒或菩萨戒真精神则是与人乘正法、律仪戒不共的发菩提心、修六度四摄利他行；而能发挥菩萨戒殊胜精神者，唯瑜伽菩萨戒本。以下主要依太虚法师《〈瑜伽菩萨戒本〉讲要》阐述其菩萨戒思想。

## 一、发菩提心与四根本戒

> 盖菩萨之所作，当依菩萨之至教，启发理解，如理而行，依行证果，为平正之坦途。菩萨戒，即助人发菩提心，如理修行者。受持菩萨戒者，应端心正虑，思唯修学菩萨戒，依此抉择判定是否菩萨正所应作，然后或行或止，去作一切事业。①

发菩提心，即四弘愿中的第四句“佛道无上誓愿成”。正信皈依的凡夫心中发誓必成就佛果的大誓愿，心中生起强有力精神向上的欲求、希望。持续这种精神力，达成希望，还需要其他的三愿加以推动与保护。度尽众生方可成佛，需发“众生无边誓愿度”的第一悲愿。众生烦恼断尽个己烦恼方可毕竟断尽，需发“烦恼无尽誓愿断”的第二悲愿。自己成就智慧方能让自他断尽烦恼，需发“法门无量誓愿学”的第三悲愿。凡是发菩提心的菩萨，必需兼发四弘誓愿。

太虚法师认为，菩萨发四弘誓愿、发菩提心后，必须以不犯四他胜处法来保护菩提心。“他胜处法”，是指菩萨行者，不能

①《太虚大师全集》第八编《律释·瑜伽菩萨戒本讲录·释文义（甲　一总劝勤学）》

强力修持应行的善法，反而恶法胜过善法，败坏菩萨行，损害菩提心。四他胜处法，是四种最重要、最根本的菩萨戒。

自赞毁他第一他胜处法：菩萨行者，失去利人心，不肯损害自己的利益而利益他人，只贪图自身利益甚至不惜去危害他人，赞叹自己，诋毁、诽谤他人，甘愿做家庭、社会、国家、人类的罪人。

见苦不救第二他胜处法：菩萨行者，失去大悲心，吝啬、贪爱财物，对于贫苦无告求助于己者，没有同情怜悯心，不肯以自己拥有的资财施以救济；或因吝啬对于向自己请教的求法人，不肯以自己具有的善法知识施以教导。

瞋不受悔第三他胜处法：菩萨行者，失去大慈心，因嗔恨怨怒心，不肯舍弃怨恨，不愿接受他人的忏悔、道歉。

似法愚人的第四他胜处法：菩萨行者，失去智慧心，诽谤大乘法，将邪知邪见伪装成正法诱惑他人。

不犯他胜处四根本戒之前二从贪起，第三由瞋生，第四由痴发，失慈悲利他心。他胜处法，即为他恶法所胜，不能进修菩萨行。持菩萨戒者，对于此四重戒随犯一条，则不再能于现法中增长广大菩提资粮。布施、持戒、忍辱、精进、禅定、智慧六度的前五度，为福德资粮，末一度为智慧资粮，福智具足，菩提圆满。犯他胜法即不能圆满此六度，也就是不再能求得意乐清净，现生中不能得入初欢喜地，由此而为相似菩萨，不是真菩萨。

太虚法师认为，发菩提心，即是信解万法因缘相伴共生，个己成就佛果与救度众生不二，同体大悲，慈悲利他心发动，成就佛果的愿心。从积极方面看发菩提心即发四弘誓愿，是慈悲利他心的发动、增上与究竟圆满。从消极方面看，发菩提心即不犯四他胜处、四根本戒，断贪、瞋、痴心，护持慈悲心利他心。发菩提心是菩萨戒根本，众生如发菩提心，并不断增上即受菩萨戒，获得戒体；犯四根本戒，以贪瞋痴等心断损慈悲利他心，失菩提心，则戒体丧失，需重发菩提心，重受菩萨戒。

## 二、六度、四摄与诸轻戒

发大乘菩提心立四弘愿，生起誓成佛果的愿力，持守不犯他胜法，以推动长养保护菩提心，日渐增深增强。但是仅有成就菩提的愿心是不够的，还要更进一步实践布施、持戒、忍辱、精进、禅定、智慧的六度利他行，才能成为真实菩萨。“故弘愿如海，须有实行大山以填之，六度行山，填实愿海，佛果菩提方能圆满。否则，愿便成虚，是假的菩萨，非真菩萨。”①

大乘佛教强调出世解脱与世间生活一体不二、个己解脱与众生解脱一体不二，主张即世求出世，自觉觉他、自度度他。六度即大乘佛教将众生由生死烦恼彼岸渡到涅槃彼岸的六种方法。布施度，将自己的一切舍于众生，为众生造福成智，也使自己积累功德以至求得解脱的修行方法。持戒度，修大乘菩萨行者不仅要断恶，更要积极行善，利乐有情众生。忍辱度，忠于教义与信仰，能安然忍受种种外辱。精进度，在修善去恶，去染成净，普度众生的修持过程中努力不懈。智慧度，通过修习般若学，断惑证真，

①《太虚大师全集》第九编《制仪·僧制·菩萨学处讲要（四　发心正行－乙　学修六度）》。

观诸法实相，究竟解脱。前四度对应于“戒”学，禅定对应于“定”学，智慧对应于“慧”学，三学六度不是各自隔绝的，而是相资为用，缺一不可的。只有六度兼修，才能圆满大乘自利利他行，而智慧又是求解脱的根本法门。

太虚在六度原意基础上进一步发挥，虽然仍以出离生死烦恼，到达超越彼岸的慧解脱为根本，又把六度落实为以众生离苦得乐为本，在世间修养人格，利乐大众，服务社会。法师同样坚持大乘佛教菩萨六度行，重心在于智慧，目的是度化众生断除生死烦恼获得智慧解脱，而又会通现代哲学等解释智慧，将六度行更多解说为在现世生活中服务、帮助社会大众的利他善行。六度即积聚善法，成就慈悲利他心的无我利他行。布施的原则即牺牲自己利益人群。持戒，即以菩萨戒为本，戒除恶行保持善行，以一股向上的精神力，使群众也趋向净化，增长不退。忍辱，是根据缘生性空的智慧，无缘大慈、同体大悲的慈悲心，不仅容忍侮辱，并且以德报怨不舍离众生，服务众生，践行一切众生离苦得乐的誓愿。精进统指于其他五度行门上的不休息的精神，以百折不挠奋斗到底的精神承办一切事业。禅定是运用禅定方法控制心境，使其专注一境，不仅能制止散漫乱心，更能集中一切精力、保持活力成办一切事业。智慧解脱是佛法最高追求。闻法修禅而明了万有普遍共同不变原则的事实真相，即根本智、如理智境界；再笃行修持应物施设，即差别智、如量智，也就是从认识真谛后发生的智慧，应众生根机，帮助众生离苦得乐，于人生事物界中的一切都能恰当合理安排，发挥其各自不同的作用又不违反其共通的真谛。基于能明真谛认识事实，佛法智慧与世间学问知识是一样的，只不过太虚法师认为佛法是更圆满、究竟的智慧。

六度就是世间善法的扩充与完成。“佛法中说菩萨六度行，亦即是扩充世间古今圣贤的所有善行。如孟子之人饥犹己饥，人溺犹己溺；宋钘之愿天下之安宁以活民命；墨子之务求兴天下之利除天下之害等；皆本于大众之离苦得乐，宁牺牲个己之利益，是所谓圣之仁者，与布施度相通。如伯夷叔齐之不念旧恶怨是用希；宋钘之不累于俗不饰于物；孔子之四勿；陈仲子之耻食其兄不义之禄；是所谓圣之清者，与持戒度相通。如宋钘之见侮不辱不羞囹圄；柳下惠之直道事人三黜不去；是所谓圣之和者，与忍辱度相通。如夏禹之腓无胈胫无毛，沐甚雨栉疾风，置万国；墨子之摩顶放踵利天下而为之，日夜不休，以自苦为极；与精进度相通，如庄子说形如槁木心如死灰，外天地遗万物；颜回之心斋坐忘；慎到之不师知虑不知前后，魏然而已矣；与禅定度相通。如老子之其动若水，其静若镜，其应若响；孔子之从心所欲不逾距；皆有通于一而万事毕，无入而不自得的境界，与智慧度相通。故能集中国圣贤之德行，即可成一六度行之菩萨。”[①] 太虚法师认为，六度菩萨行虽是扩充世间古今圣贤的所有善行，但是如果没有三宝正信，仅以古圣贤六度法去行，只能达人天善果。必须先发菩提心，才可成为大乘教中最初步的十信菩萨行，并依之不断增上，继续扩充慈悲利他的六度善行，才可出离凡夫生死烦恼的苦海，

①《太虚大师全集》第九编《制仪・僧制・菩萨学处讲要（四　发心正行－乙　学修六度）》。

到达圣人的彼岸，完满人生。

六度是大乘菩萨行对三学戒定慧的扩充，强调慈悲、自利利他、自觉觉他。六度从本质上更突出宗教信仰，强调自己与众生觉悟一体，但也具有很强的社会伦理精神，包含了在俗世中使众生离苦得乐、救苦救难，但六度这里现实化为在现实生活中养成人格、利益大众的万行，世间善法扩充与完成。

四摄法，即布施、爱语、利行、同事四种法门，是菩萨行者纯以慈悲心化导大众，使大众产生亲近心，皈依佛教的四种手段。布施摄：随缘布施财物法等，使受施者起亲近心，愿意接受菩萨教化，皈依正信佛法。爱语摄：依众生不同根性，以慈爱慰藉的话语使其心生欢喜，乐闻菩萨教化，增进智慧。利行摄：菩萨以身语意行利益众生，化导众生。同事摄：菩萨深入大众，与大众于起居食息及经营事业等，都能平等无二，让大众生净信，投入佛智慧。

六度四摄都是慈悲利他行，六度即在世间利乐有情、服务社会大众的慈悲利他行，四摄即纯以慈悲利他摄化众生，化导众生皈向佛法增进智慧，生净信入佛智慧。菩萨行由凡夫学菩萨作佛，人成佛成，又以六度为根本。

障六度摄善、障四摄善成菩萨戒四十三轻戒。诸轻戒具体规定了如何从身口意诸行为上积聚善法、利乐有情。如果不犯诸戒就能做到摄众善法、饶益有情，真实信行六度四摄。

（一）障六度摄善：障布施度、障持戒度、障忍辱度、障精进度、障禅定度、障般若度

1. 障布施度：障财施、障法施、障无畏施

障财施：

悭心不供三宝戒、贪名利戒、不敬有德同法戒、不应供受衬戒、不受重宝施戒。

如因悭心（吝啬心），吝啬而不创修塔寺、印造经论、恭敬供养菩萨圣僧，不礼拜赞叹三宝功德，就是染违犯。不是因为悭心，只是因为无心忘记非善非恶心，是犯戒而不是染违犯。事务繁忙，暂时没有时间做，或者是修禅的净意菩萨，就是无犯。

贪恋利养恭敬、珍奇异宝，即犯菩萨戒。但是如果为方便调伏他人，或者虽精进勇猛对治各种烦恼，而各种烦恼依然现起的，则不为犯戒。

如因以怨恨、恼怒心，称扬自己所能，自恃自傲，蔑视他人，而不尊重年高有德及酬对求法者，就是染违犯。如果没有嗔恨心，只因放逸懈怠，是犯戒而不是染违犯。因病重等特殊原因无法做到者，都是无犯。

如果有人迎请菩萨，奉施衣服等生活物品，菩萨怀嗔恨、怨怒心，不接受邀请，没有慈悲心摄受四众，即犯菩萨戒。或因懒惰懈怠忘记等非善非恶心所招致的，是犯戒而不是染违犯。如果因道路遥远，或者他人先请等特殊原因，不接受其邀请，就是无犯。

信众布施供具珍宝，诚心启请劝受，而菩萨以嗔恨心而不领受的，就是染违犯。如果因懈怠懒惰而不领受的，是犯戒而不是染违犯。如果因为知道其是偷盗物等特殊情况不能领受的，就是无犯。

障法施：

如果有学者为求法远来，而菩萨以嗔恨恼怒心，不说一字一句，吝啬法施，就是染犯。不是因为嗔恨心而是因为懒惰懈怠等造成的，是犯戒而不是染违犯。因为对此法没有深入了解等特殊因缘不能说法的，都不是吝啬法施，都是无犯。

障无畏施：

对于暴恶犯戒的有情，菩萨以嗔恨怨怒心不为其说法施以无畏，消除其恐惧心，慈悲摄化，就是犯菩萨戒。不是因瞋恨心而因怠惰无记心而不为，犯而非染。然而若是因为利益他一人，反而会招致众多有情受害失利，则可以不为他说法。

2. 障持戒度：明遮罪、别明性戒、味邪命法戒、掉动嬉戏戒、倒说菩萨法戒、不护雪讥谤戒。

明遮罪：

与声闻共学戒、与声闻不共学戒。

声闻别解脱戒中遮戒，大小乘应该共守的，其行为虽然不是本质罪恶而是佛法制遮戒禁止的，为避讥嫌，摄化世间；这些在声闻也该学习，菩萨更须学习，让不信者信，已信者增长。否则，对于菩萨戒即成违犯。

有遮戒菩萨不应共学者，佛制声闻三衣一钵，不许积蓄，不得储金银珠宝等物，然而在菩萨则可多蓄多求。菩萨储蓄，为利益其余僧众及贫困有情等。因为声闻以自利为本，而菩萨以利他为要，没有贪爱染心，所以无犯。

别明性戒：

杀生、不与取、邪淫、妄语、两舌、恶口、绮语。

杀生、不与取、邪淫、妄语、两舌、恶口、绮语性戒者，自性罪恶，必须戒除，因此应为外内小大所共同持守。如果诸菩萨安住菩萨净意戒律仪，方便利他的原因，行诸性罪的行为，不但不犯戒还生多功德。此七条别明性戒，也是与声闻不共、不同的。如菩萨以大悲心，无嗔恨怨怒心而杀生，使其免造堕地狱杀生恶业，不是犯戒，反而生功德；菩萨行方便，施以强力，将不与取物取还原处，不是犯戒，反而生功德；菩萨为利益有情，以大悲心，不是贪爱染意，虽然说妄语，不是犯戒，反而生功德。菩萨行利他方便说离间语，让其远离恶友而亲近善知识，不是犯戒，反而生功德。

味邪命法戒：

用欺诈来谋取生活所需，并且以之为资养生命的正当营业，执著不舍并且毫无羞耻者，是染违犯。如果是应机施教的需要，则无违犯。因为无始来邪命恶习积染，难以断除，但菩萨积极修治，最终可以让其渐渐消除的，则无违犯。

掉动嬉戏戒：

菩萨应该端庄严肃，安住寂静。如果轻举妄动而心不能寂静，或不安于静寂，招致心浮气躁、轻举妄动，引起他人喧哗哄笑等，是染违犯。如果因妄想而偶然有失觉察而造成的，是犯戒而不是染违犯。想遣除但还没有遣除、摄受他人的方便等情况则都是无违犯。

倒说菩萨法戒：

菩萨应该修习无杂染心，随缘顺应众生根性以成就阿罗汉以上的出世功德。菩萨虽然不离俗世度化众生，还必须不厌离涅槃，修习断除烦恼法。菩萨若生误解，认为菩萨必须三无数劫流转生死中求大菩提，所以菩萨应该厌离涅槃，而不断烦恼，则是染违犯。

不护雪讥谤戒：

菩萨持戒时，遇到有人诋毁诽谤自身声誉的，如果确实自身有过失而不回避，不忏悔，就是染违犯。如果自身没有过失而不辩白不清雪，是犯戒而不是染违犯。如果因外道诋毁诽谤等特殊因缘不便回避、辩白、清雪的，都是无违犯。

3. 障忍辱度：报复戒、不悔谢戒、不受忏戒、怀忿不舍戒。

菩萨在修忍辱度时，处处遵循慈悲方便摄化众生。有恩者固然应该报恩度化，有怨仇者也应该以慈心度化，如果随怨报怨，则犯菩萨戒。

如果菩萨对于有情，或确实有侵犯，或虽然没有侵犯而被他怀疑为侵犯的，应该向他道歉忏悔。如果因为嫌弃嫉妒、傲慢心，不如理道歉而招致他怀恨报复的，是染违犯。如果由于放逸（放纵散漫，背离佛教规矩）而没有察觉，是犯戒而不是染违犯。如果因方便施教等特殊原因而不能如此者，都是无违犯。

菩萨受他人侵犯后，如果他以平等心相待而来忏悔道歉时，应当欢喜承受他的忏悔道歉，使他心安而且增进善业。如果怀嫌弃、怨恨等心不接受他的忏悔、道歉，招致损坏他的名声而增加他烦恼的，是染违犯。或者虽然不想如此，而禀性高傲强硬，不能忍受，不能接受他的忏悔、道歉的，也是染违犯。如因种种特殊因缘而不受悔者，都是无违犯。

菩萨对于其他有情，怀有忿恨，不舍弃仇怨，是染违犯。如果知道已犯戒而乐于修断除的方便，而还未能断除的，是无违犯。

4. 障精进度：染心御众戒、非时睡眠戒、虚谈弃时戒。

如果菩萨因为懒惰懈怠，贪爱供奉承事，以贪爱染心管理、领导徒众，使他们勤修侍奉，而对于他们应做的事业却招致懒惰退步的，是染违犯。反之，无犯。

菩萨因为懒惰懈怠、贪恋非时过量的睡眠等，是染违犯。如果有病、无力等特殊因缘者，无犯。

菩萨怀贪爱染心谈说世事，虚弃时日，是染违犯。如果由于无心而虚弃时日，是犯而无染。如果是因为应机教化等特殊因缘，则无犯。

5. 障禅定度：惰慢不求禅法戒、不除五盖定障戒、贪味静虑戒。

菩萨修习禅定，因为嫌弃怨恨傲慢，而不向老师求教的，是染违犯。如果知道老师颠倒教授会扰乱自身正修，或者自己具有多闻熏习能力能做到心定而不需请教于老师的，则无犯。

菩萨如果因财色名食睡贪染五欲，遮蔽清净自心，愿意忍受而不愿舍弃，让禅定不能现前生起的，是染违犯。但因为贪爱、嗔恨怨怒、惛沉睡眠、掉悔（心不安定）、怀疑等五欲习气深重，勤于精进，仍难遣除，则无犯。

应该知道定心缘生性空，对此本不应生贪爱执著。凡夫心定，既然不能与出世三乘智慧相应，由于愚痴的原因，而造成以贪心对待心定，叫作味静虑。如果对于此只见其功德却不能发现其过失，生起颠倒邪见，与外道相似，是染违犯。努力断除却还不能做到者，无犯。

6. 障般若度：对于法者、对于人者。

对于法者：不学小乘法戒、弃大向小戒、舍内学外戒、专习异论戒、不信深法戒。

认为菩萨不应该听受、忆持、诵习小乘法，并且宣说此论的，是染违犯。如果因为对治一部分贪执小乘教法并以此为最究竟圆满法者让他们舍小乘归入大乘，特作此说的，比如《法华经》等所说，是无违犯。

如果菩萨不喜欢研究大乘法藏，专门修学声闻藏法，虽是犯戒而不是染违犯；因为声闻法虽然不究竟圆满，但也不是增长烦恼的教法。然而因为这样不能完满受行菩萨功德，所以是有犯。

菩萨应该精进修学佛法以生起正确见解。如果酷爱嗜好世法及外道论，并认为其是最尊贵最优胜的教法，由此损害正知正见而失去菩萨善法，则是染违犯。如果有上等聪敏，对佛教有深刻研究而能不为外论所扰乱、所迷惑，并且能以佛法摄入、转化众外论者，则学也无妨。

菩萨不学菩萨藏法，专门向外道论及世法研究巧妙智用的教法，贪爱执著，就失去自己所应学习的本分。但是菩萨对于佛的教法有心得后，为方便利他的原因而研究外论，则无犯。

如果菩萨学大乘法藏，遇到诸佛所证悟无分别的第一义等种种最深妙境界，认为不必深切信受，并且生诋毁诽谤的，是染违犯。太虚法师认为有些专门以哲学眼光来研究佛法的人，常常犯此大错！如果对于佛法的境行，虽然生起信解，而对于超过凡夫心境之上的圣果方面，因为不可测知，招致生起诋毁诽谤；或由于自己思维的原因，或随逐他说，而生起诋毁诽谤的，都是有犯菩萨戒。虽然不了解，然而不诋毁诽谤的，则无犯。

对于人者：爱恚赞毁戒、憍慢不听正法戒、轻毁法师戒。

菩萨对他人有忿怒怨恨心，败坏行为操守；对自己的团体、教法或徒众等，以杂染心偏爱偏护，常常自我称赞，是染违犯。如因方便施教的特殊因缘，则无违犯。

菩萨如因自满，怀有嗔恨怨怒心不去听正法者，是染违犯。如有特殊因缘，前往听法反而不利自身修行的，则无犯。

凡佛法，应有法师开导讲授，令人依三藏教义随闻思惟（听闻佛法，依佛教智慧思索）。如果于法师处故意轻毁、调弄、不生恭敬心者，是染违犯。

（二）障四摄利生

1. 不为助伴戒

如果以嫌弃怨恨心，于生活、修行诸事上，不帮助他人，是染违犯。如果知其所做事不正当，或不帮助他反而更有利于他修行，或所闻法难以接受难以守持不能稍有离开，不帮助他人的，都是无违犯。

2. 不往事病戒

菩萨遇有疾病、困苦，又无人照应者，如果因嫌弃怨恨心而不看顾者，是染违犯。如知道其有力支撑，或有人看护等，或因自己正精进修习善法，难以间断等不前往事奉者，无犯。

3. 不为宣说障爱语戒

如果怀怨恨恼怒心，诸有情为求眼前或将来世俗事情，求取的时候大行杀生祭神、扶乩信鬼等恶行，不为如实开导而放纵他让其造作恶业受苦报者，是染违犯。如果自心还不知如实真谛，不能为他宣说正法；或知此人有大智力，不久即可觉悟；或因为方便调伏；或因他恶行已深，与他说真谛，反而让他生起诽谤，反而发恶言，更会加深他的恶业等，不为宣说正法，都是无违犯。

4. 有恩不报戒

菩萨应知恩图报，使施恩惠者乐于施恩与其他人。如果对其人怀嫌弃怨恨心，不为当下应该知恩图报事的，是染违犯。如果现前无力酬报，将来酬报对其更有益；酬报但他不接受等，都是无违犯。

5. 患难不慰戒

如果怀嫌弃怨恨心，遇到忧愁苦恼诸有情，不前往开导让其生起正见，听任其忧愁苦恼的，是染违犯。如果因为其他用处，或因为借此调伏方便，或为所作事业所牵绊，不能前往开解，都是无违犯。

6. 希求不给戒

如果菩萨心怀嫌弃怨恨遇到有所希求者而不施与，是染违犯。如果无力施与，或所求不合理、不相宜，或施与他则反而害他，或国法、戒律所不允许的，都是无犯。

7. 摄众不施戒

如果菩萨怀嫌弃怨恨心，摄受徒众，不为施授经律论，不教养他，是染违犯。如果是调伏摄化方便，或不需施授，或与僧制不合，或知道徒众中潜伏有外道，为窃取佛法而来，不可调伏等不施授经律论，不教养他，都是无违犯。

8. 不随心转戒

如果菩萨以嫌弃怨恨心不随众生心转，应机摄化者，是染违犯。如果是调伏、摄化他的方便，或是外道，随他转者反而增长其恶焰、自恶恶人等，都是无违犯。

9. 不随喜赞扬戒

菩萨遇有德、有誉、善于妙说的人，如果怀嫌弃怨恨心而不称扬，是染违犯。如果知道称扬他，反而不利于他，或为降伏外道等而不称扬，都是无违犯。

10. 不随行威折戒

菩萨行四摄法利益有情，必须帮助其防非止恶、改过向善，不得怀有杂染贪爱心，放纵而让其放逸。如果应叱责、应惩罚、应驱逐的，必须依照佛律规制惩办，不应宽容或从轻惩治，否则就是染违犯。如果知其人不可救药，惩办他反而让他生起粗言恶念；或为维护僧众和合的方便而不惩办的，都是无违犯。

11. 不随现神力折摄戒

菩萨修得种种神通变现的威力后，应当震慑邪恶有情，以打压其恶焰而令其弃舍恶行；对喜欢神变的有情也当方便摄化。如果不行神通变现震慑度化恶有情是为避免因此而获得布施利养，则是犯戒而不是染违犯。如果知道有情不易感化，现神通反而招致诋毁诽谤而不变现神通，都是无违犯。

诸轻戒具体规定了如何从身口意诸行为上积聚善法，利乐有情。如果不犯诸戒，就能做到摄众善法、饶益有情，真实信行六度四摄了。诸轻戒以去除贪瞋痴等烦恼染污心，养护、成就慈悲利他菩提心为本，犯与无犯、染与非染都以此为标准，不拘形式，根据具体情境灵活处置。如有情未发菩提心，安守净戒律仪，则对于诸轻戒一切违犯之处，都可无犯。每一戒条，如以贪瞋痴等诸烦恼染污而违犯，则是有染犯，上品缠犯；如以懒惰懈怠忘念非善非恶无记心而犯违，则是无染犯，下品缠犯；介于二者中间者即中品缠犯；如以身体、修法等特殊原因或摄化、利乐有情方便等，则都是无犯，且在利乐有情的情况下还生多功德。太虚法师还根据当下的情况，对轻戒灵活解读，如障般若度中强调以究竟佛法摄化小乘法、哲学等世俗法为利他方便，希求不给戒中强调随顺国法人情，不随行威折戒中强调为慈悲利他故应严格律己并严格依戒惩办犯戒徒众，谴责当时某些寺庙主持放浪形骸并纵容徒众的现象。诸菩萨受持此戒，应信教解理如实奉行，对于每天所做诸事，是否犯戒、是有染犯还是无染犯，都应明确了知。只有正确分别什么是善什么是非善、什么能做什么不能做，熟练明了能做事情修行的标准，才能够不易破戒犯戒。

对于如何看待、处理戒体失去的事情，法师也作出独特思考，根据具体情境灵活对待。太虚法师认为，因贪瞋痴等烦恼染污心而生起的犯戒行为，就是染违犯，是最严重程度的犯戒，上品缠犯；以非善非恶无记心而生起的犯戒行为，是无染范，是性质最轻的犯戒，是下品缠戒；中品缠戒介于二者之间。四重戒之上品缠犯者，失去慈悲利他菩提心，戒体已失去，不能通过行忏悔法补救了，因此应当重受菩萨戒。四重戒之中品缠犯者，应当在三人以上能觉受人们忏悔的小乘或大乘长老大德面前，如实揭发自己所犯罪并且诚心忏悔，让他们为自己证明，忏悔法才能成立，戒体得以修复。犯下品缠犯四重戒，或上中下缠犯其余轻戒等，应当在一人以上菩萨比丘面前，揭发自己所犯罪并忏悔。此忏悔本应在他人面前进行，但是如果此处没有菩萨比丘及知道菩萨戒的人，也可以在佛菩萨像前设香花供养，如法揭露自己所犯罪，以清净心诚心发誓悔改后，立即防护，终不再犯，以至内心得到防非止恶的感应，忏悔法也可成立。

从结缘皈依到正信皈依，正信皈依分在家与出家修习菩萨的两条路向。但是出家在家修菩萨道者，形而上之精神是一致的，只是根器不同、处境不同，所选择的形式与路径稍有不同，而且二者也可以应机转化身份。“修菩萨道者，随其智力行力的浅深，接受六度四摄法门，则为完成菩萨之人格。于是各就其各阶层所处之本位，如服务于文化、教育、慈善……学者、商业、工人、农民中，都可依佛法之精神，为群众之表率。”[①] 太虚法师认为，出家菩萨僧应担当对人类教化责任，在家菩萨应本其智力能力挺身而出，为国家大众服务。

---

①《太虚大师全集》第九编《制仪·僧制·菩萨学处讲要（五　结劝修学）》。

## 三、菩萨戒

太虚法师认为，佛法真义不是求现在安乐或求未来福报或独求个人解脱。佛法是释迦牟尼佛所亲证的，有关求得人生解脱、世间圆满的真谛。佛教教导人依佛法修行，彻悟、明白人生之真谛，彻底改造而归于完善，使五浊恶世成为清净国土，人人离诸苦恼而得安乐。在人生化、群众化等为主题的现代社会，太虚法师认为要契理契机建设由人乘而佛乘的大乘渐教，倡导由凡夫而学菩萨作佛、人成而佛成的大乘菩萨行。大乘菩萨行从成为世界上最良善的人入手，又以成就佛果，也就是人生的究竟圆满为目标。首先皈依三宝兼发菩提心，以之修养人格，确立人生根本，信守五戒十善，保持人生善果不退，求得人世间人格的完善，成为世间圣贤，在上趋佛果中，即为初步菩萨位，在此基础上行六度四摄利他行，进一步增上，由人而进化至于圣贤菩萨至佛。太虚法师认为这一过程也是人生世界真正的进化，人人都能如此，则此世界便可跻大同极乐之境。

> 菩萨之行，先从做人之道行起。做人之道，首在一归依处，依一切善行之最清净本源的佛法，仗净行善友为辅导，以五常之德纶贯于五伦之间，修持十善、为信满入住之基础。能如是、则现身为人世之贤圣，足以上追孔、颜，将趣圆满之菩提，定可亲近弥勒。[①]

太虚法师认为，学菩萨作佛从做一个良善的人、利乐众生入手，而信守菩萨戒、完成菩萨人格才是真正意义上人的完成。菩

①《太虚大师全集》第十八编《讲演·菩萨行先从人道做起》。

萨行是上契佛理下顺俗情的中道实行，从人道做起，是人格的修养与利乐他人社会公益行的增上，菩萨戒就是行事规范。菩萨戒根本标准即慈悲利他心的发动、守护与究竟完成，以持守四根本戒断贪瞋痴，守护慈悲利他心，获得从善去恶戒体，更要以持守障六度善、障四摄善的四十三诸轻戒，从身口意诸行为上积聚善法，利乐有情，成就圆满慈悲利他心。而菩萨戒又被具体落实为在俗世生活中以菩萨追求、菩萨利他精神服务大众人群、服务社会、净化世间的德行。太虚以佛法人天善戒会通世间道德，以菩萨戒为世间道德人乘善法的究竟完成。菩萨戒以发菩提心、六度四摄为核心，而广义菩萨戒又以五戒十善人天善戒、七众律仪戒为根基，以发菩提心、六度四摄利他行为最高追求、终极标准。世间善法与出世善法不二，二者融为一体。太虚法师认为世间道德融摄在菩萨戒中，以菩萨戒为体，以慈悲、利他为最高标准。人生的意义就在于从遵循世间道德做一个良善的人起步，更要正信皈依，发菩提心行六度行，圆满成就菩萨人格。世俗道德被纳入佛教戒律，限定了它的宗教底色、追求目标。一定程度上俗世意义服从、低于宗教终极意义，也开了以世俗道德界定佛教戒律的方便。这也隐含着一定的危险：世俗道德宗教化是否一厢情愿、对菩萨行菩萨戒的界定是否会媚俗，使佛教戒律失去自身独立性与超越性，而打着宗教旗号行世俗之事。

# 第三章　太虚人间佛教道德境界

道德境界是道德终极标准、最高追求，又是人们在遵循道德规范、践行道德生活的过程中实现的。太虚法师认为，涅槃为佛教所追求的最高境界，是超越善恶、出离世间的超越境界，但又是证悟万法实相、破解人生不幸根源而达到的至福状态，是人们在去恶向善的日常生活中渐进达成的。在法师看来，佛教涅槃追求既是人生应当追求的理想价值、至善，是作为正确行为的终极标准，又是根本上不同于世俗世界的超越境界。太虚倡导即人成佛的人间佛教，他既坚守佛教终极追求的超越本质，又进一步将学佛还原为由凡夫学菩萨的层次进化的历程、人生究竟完成，将净土追求落实在为人间社会实实在在的改造净化。佛菩萨追求既坚守出离善恶果报的轮回，获得三觉圆满、福慧两足、无漏清净的超越本质，又进一步落实为实证人生真相，善心成就，圆成人欲，在世间成就慈悲利他的境界。人间净土是以庄严美妙、清净美好、随心自在的佛土为底色，以极乐净土为最高追求，具有神秘、超越俗世的特色，同时太虚法师认为此超越境界又是实现人类愿望、建设美好社会的究竟完成。佛菩萨、人间净土的追求在现实生活层面又具体落实为僧格、人格的养成。僧格、人格以佛菩萨、人间净土为最高伦理价值追求，同时又融摄现代社会伦理诉求。

## 第一节　即人成佛

涅槃是佛教的终极追求，尽管在佛教的发展过程中，不同流派对于涅槃的理解不尽相同，各有侧重，但涅槃根本精神是不变的。太虚依涅槃根本精神，又适应时机，进一步将涅槃追求发展为实证人生真相、完善人格、完满人生，即从做一个良善的人开始，利乐众生，服务大众，慈悲利他。太虚人间佛教佛菩萨追求的伦理化、理性化特质更为鲜明。

### 一、由人学菩萨作佛

太虚认为人间改善、后世胜进、生死解脱、法界圆满是全部佛法所包容的四层目的，而只有法界圆明的佛果才是究竟圆满的，是全部佛教的真正目的，前三层都是达到此圆满佛果的方便。旧佛教，厌离现实人生，只重求后世胜进或生死解脱，佛法真意被遮蔽了。人生佛教对治此弊，侧重于人生改善直接法界圆明，以人生改善为基础，圆满理解佛法，发菩提心，修菩萨行，并且隐含天乘、小乘，直接成就佛果。太虚法师认为，依人的果报修人的业行，保持人身，并依此不断增胜，这是人生的枢纽、成凡作佛转折点，也是人生佛教的重心所在。这一层又是为适应当时世界人类的需要，作为人的立足点，但太虚法师认为这不是人生究竟的目的，人生究竟的目的是在成佛，只有佛果是以人生进善为基础而达成的完美人生、人生究竟。

太虚法师认为，人身，是善业果报，不易获得，但得到人身，如不闻佛法，就不能知人生的真正意义，空过一生，只有闻到佛法，依法修行，才知人生意义的深广。佛陀就是觉悟的人、人格的完成，佛法是佛陀觉悟之法，教导众生走向觉悟的方法、道路。太虚法师认为，只有遵循佛法僧，按照佛陀的教谕去生活，最终走向觉悟，才能实现人生真正意义，完成人格。人生以成就圆满菩提、妙觉佛果为最高追求，而佛果又是由凡夫学菩萨发心修行而成。菩萨不是偶像、神仙，而是信解大乘佛法，发了上求佛觉心愿利乐众生的有情。太虚法师认为，学习菩萨之道，就是从我们凡夫为起点，在利乐众生、净化世间的过程中，一步步增上，由初第菩萨直至最高等觉地的菩萨。而初发菩提心，成为初心凡夫的菩萨是修学菩萨道的根本所在。“这自始至终彻上彻下的，都不出我们发菩提心、修菩萨行的现在一念愿心的菩萨”[①]，“有初发心的菩萨，有金刚后心的菩萨。初心是凡夫，后心邻于佛，但都是菩萨，始终未离学地。后心邻于佛果高位的菩萨，是不易学，但也不离于初心易学，积渐成就。”[②]太虚法师认为，对于我们凡夫来讲，学佛最好叫学菩萨，而神妙莫测、不可思议的观音等大“菩萨”，也还不容易学，最好是学学具一行一德的可思

①《太虚大师全集》第九编《制仪·僧制·菩萨学处讲要(一　菩萨学处释名)》。
② 同上。

议大心凡夫地的菩萨。

因此，太虚认为“佛为积无数劫大行所圆之极果，不得与流俗所称为活佛等混同”。佛不是轻易成就的，需经过三大劫的长时间的修行菩萨道，才能断尽一切执障、圆成一切功德，而证成无上的大觉。所谓成佛者，即由菩萨行修学圆满之极果。此世所见三十二相，八十种好之释迦佛，也是由此而成。

法师也表明自己无求即时成佛的贪心，只是为学菩萨发心修行者。“盖成佛亦不过自悟悟他而已！菩萨行满，佛陀果成；但勤耕耘，自能收获，何藉刻期企求？佛法为接引一类好夸大之众生，亦曾施设立地成佛、即身成佛等假名，而本人则不因此假名而引起希求即身成佛之贪心。”①“本人系以凡夫之人，得闻解佛法信受奉行者。”“愿以凡夫之身学菩萨发心修行，即是本人意趣之所在。”②

涅槃作为佛教的最高追求，是以佛陀的开悟、教导为本源，在应机教化历史过程中不断演变的。综合佛陀有关涅槃的开导，涅槃大约主要包含了以下要义。证悟无我的境界，去除一切执著，才能获得最终的解脱。此生的价值虽是见证真谛成就最终解脱的必要，但不是真正有价值有意义的。沉于世俗的生活，是不可能达到究竟解脱的，只有出离俗世才能获得最终解脱。这种解脱的境界是不能用世俗的方式了解观察的，它也是根本不同于俗世的，根本无法用俗世的语言、境界来描述它。它又是真实不虚的，人

①《太虚大师全集》第一编《佛法总学·概论·佛法僧义广论（二　佛观）》。
②《太虚大师全集》第八编《律释·优婆塞戒经讲录上－悬论（三　本人在佛法中之意趣－丙　无求即时成佛之贪心）》。

人都可成就，破解世俗的苦与不完满而立此圆满的境界，破解不幸的根源并避免它，从日常的道德实践开始直至涅槃的超越境界。小乘与大乘等后世佛教对于涅槃的解释，差别很大，但又都能从源头上找到依据，有本质上的共同性，都是从原初佛教涅槃所包含的某一点上发展而来。小乘更强调涅槃的超越性，相对于俗世的自由至福的状态，涅槃根本不同于俗世，无法用世俗的智慧语言所描述所达到。大乘更强调涅槃与世间不二，涅槃就是对世间实相的证悟，“按照世间的实际而行动就是和涅槃相应，而这种践行趋向涅槃是一个过程，是一个逐渐由染污转为清净、驳杂转为纯粹的过程”①。而且太虚法师认为与世间实相相应的涅槃是真实不虚的，实现了常乐我净，是世间万法的实相本性，也是众生成就涅槃的根据，并在此基础上发展成为中国大乘佛教众生皆具佛性、迷即众生悟即佛的思想。

佛教虽有即世出世的中道传统，但作为最高追求的涅槃境界始终是出离生死轮回、究竟离苦得乐、圆满成就无上遍正觉的境界。太虚法师认为，涅槃无法言说，不能用世俗方式而只能证悟，根本不同于世俗的超越境界。不舍世间的大乘佛教同样强调真俗之分、去执取真。大乘虽强调不厌离世间，依世俗生活而成就涅槃，但涅槃境界是以去除执著、彻悟世间实相为根本，不是世俗生活的扩充、完成。即使入世化、心性化的中国佛教，以人性说佛性，修行与生活不二，虽肯定了要过合理世俗生活特别是道德

①《太虚大师全集》第八编《律释·优婆塞戒经讲录上－悬论（三　本人在佛法中之意趣－丁　为学菩萨发心修行者）》。

生活、世俗生活不是无用的，但现世的世俗生活根本上是没有根本价值的，是服务于超越出世目标的。出世境界也是根本不同于世俗生活、在世俗生活当中无法实现的，而如实合理的道德生活又可成就这一超越境界。太虚契合佛教教理与当时情境倡导人间佛教，继承了佛教人生的基本精神、佛教不离世间觉的中道传统。但人成即佛成是法师的独创，世间善法是出世善法的阶梯——出世善法是世间善法的扩充、完成，佛即人的完成，人以佛为最高追求。在此，佛菩萨的追求与人生、世间的净化、完善是一体的、不可分的。一方面，以人生世间为中心，人成佛成，佛不是神仙圣贤，而是彻悟人生真相、人的完成。另一方面，佛果是由凡夫学菩萨作佛，三无数劫（由“人的菩萨位”到“超人的菩萨位”以至“佛的菩萨位”的三无数劫），五十二位历程，而终至成就的圆满遍觉无漏清净的超越境界，由大菩萨积功累德，福慧圆满，以至证尽善尽美正等正觉的超越境界。不同于以往佛教，法师所追求的佛果境界是超越性与世俗性同在的，超越性根本不同于世俗性，但又是它的扩充、完成。其中也隐含着逻辑上的矛盾，“所谓佛果，即以全宇宙、尽虚空、遍法界究竟清净为身，也就是人生烦恼痛苦完全消灭，至于最合理最道德的和平安乐的境界”[①]。从源头上，涅槃不离俗世而最终出离俗世所包含的世俗与超越的理论困境，如何以能够在俗世生活修证中最终又在哪一点上会超越缘起轮回的法则，进入到超越而神秘的涅槃境界始终是困扰与推动佛教发展的张力。

①《太虚大师全集》第二编《五乘共学・义释・人生之佛教》。

大乘佛教强调涅槃即与世间实相的相应，要在俗世生活中去恶行善、净化身心的修行中去除执著，证悟万法缘起性空、不能独自成立、你中有我我中有你的真谛。因此一己的解脱与众生解脱是不可分离的，成就涅槃是普度众生、自利利他、自觉觉他不断增进，直至完满的过程。大乘佛教将成佛的追求转换为对自觉觉他、自利利他菩萨的追求。菩萨即亲近现实生活，上求佛道，下化众生的未来佛，成了诸佛在世间的代理人，诸佛则是佛教终极追求。菩萨集中体现了大乘佛教不舍与利他的精神，作为一种理想人格的形象出现在人们的信仰生活和伦理生活中。随着大乘佛教在中国的传播与发展，菩萨尤其是大悲观音、大愿地藏、大智文殊、大行普贤四大菩萨，在中土信仰生活中得到广泛青睐，并作为一种理想人格的偶像得到信众的敬仰和崇拜。菩萨尤其是四大菩萨在佛教中国化的进程中，能不断顺应中土信众的伦理要求和人生企望，“朝着提高参与者福祉的方向进化”。菩萨以慈悲济世、智慧圆满、德行高尚、奖善罚恶的形象树立在中土信众伦理生活中，并与个人的人生理想相贴近。太虚人间佛教倡导人成佛成的大乘菩萨行，由初心凡夫学菩萨作佛，菩萨行满佛果即成。终极目标由学佛转化为学菩萨，这既是对中国大乘佛教菩萨追求的继承，又有独特的现代开创。他将学佛还原为由凡夫学菩萨的层次进化的历程，落实为凡夫以菩萨的追求、菩萨的精神完善人格、利乐社会大众的当下生活。对佛的追求落实为学菩萨而且主要是初第菩萨。菩萨不是偶像神仙，而是上求下化的有情凡夫，是在现实以佛为最高追求奉行自利利他的人，菩萨即以菩萨精神、菩萨追求做人做事的凡夫。佛更多的是终极目标象征意义，而菩萨也不再是传统意义上代表悲智行愿的四大菩萨，而是在现实生活中信解大乘佛法、志求觉悟、慈悲利他行的凡夫大众。

## 二、佛菩萨的道德理想

### （一）实证人生真相，完善人生

涅槃是佛教一切修习要达到的终极追求，尽管在佛教的发展过程中，不同流派对于涅槃的理解不尽相同、各有侧重，但涅槃根本精神是不变的。涅槃即出离善恶果报的轮回痛苦，获得自由、至福的终极境界。涅槃境界是根本不同于世俗生活的，但如实认识世间、过合理的世俗道德生活又可成就这一超越境界。太虚法师认为，涅槃是认识万有实相、获得最高智慧的慧解脱，是慈悲喜舍善心成就的心解脱。涅槃的慧解脱与心解脱又是依赖于漏的消除，即无明、贪瞋痴等烦恼染污法、恶法的消除，感官欲望、贪恋生存欲望、无知的消除。“生已竭尽，高尚的生活渐趋圆满，该做的已做，现在没有更多要做的。”①

佛教以缘起论否定永恒存在、具有实在性的创造神，倡皈依佛法僧，以此为榜样依靠自己的力量，实现慧解脱。佛教又包含鬼神、六道轮回思想，在后来的发展中，佛、菩萨等超世俗的涅槃境界，最终本体化、神格化。但太虚法师认为佛菩萨是不同于外道神灵的，是没有实在性又具神格化的崇拜对象。佛教在中国流传的过程中，随顺世俗应机说法，佛菩萨的追求日益被误解为

① [英] 哈玛拉瓦·萨达提沙：《佛教伦理学》，上海译文出版社，2005 年，第 126 页。

与外道神灵信仰无异，是能祈福禳灾、超生度死的神灵偶像，智慧圆满、善心成就、无漏清净的特有本意却被遮蔽了。法师依佛教原典，还原佛教本意，解读佛菩萨，去除人们对于它的误解、偏见，在当时社会情境下，为它融入新意。

佛是梵音佛陀略称，译义为觉者，即证得阿耨多罗三藐三菩提，无上遍正觉者，具有自觉、觉他、觉行圆满的无漏清净功德。三世十方诸佛，都要三觉圆满、福慧两足，有此功德表现事实证明，才是佛陀。[①] 众生都可成佛，也可说一切众生都是未来的佛。太虚法师认为，佛是觉者，不限于人，但释迦牟尼佛降生人间成佛说法，世人是依他知、信佛的存在，而且唯有人是罪福圣凡转依的枢纽，因此佛也可称作觉悟的人。菩萨是菩提萨埵的梵音简称，菩提是觉，萨埵是有情，菩萨即信解大乘佛法、发了上求佛觉心愿一举一动均有利于众生的有情。太虚法师认为，法界一切优劣不等诸有情，要算人类有情最有作菩萨的资格。[②]

太虚法师认为，天、神与人间圣哲同是人天乘的圣哲，是世间法，仍是六道轮回的苦恼众生，声闻、缘觉、菩萨与佛是脱离生死轮回的出世圣众，佛又是圆满究竟的出世圣中的大圣。“佛为法界诸法（宇宙万有）之遍正觉者，亦为教化一切有情令遍正觉者。”[③]

太虚依佛教原典，发显佛即觉者的本意，即智慧圆满，转染

① 参见《太虚大师全集》第一编《佛法总学・概论・佛法僧义广论（二　佛观）》。
② 参见《太虚大师全集》第四编《大乘通学・义绎・菩萨（一　菩萨的名义－乙　显正）》。
③《太虚大师全集》第一编《佛法总学・概论・佛法僧义广论（二　佛观）》。

成净，摆脱轮回获得自由、至福、无漏清净的佛教理想境界。当时科学理性成为评判一切、重塑一切文化价值的主导标准，法师在坚持佛教立场的同时又赋予了觉者独特新意。法师认为只有佛依真如智所证无上正遍觉，才是对万有最为如实的显现，是究竟圆满的。“所谓佛果，即以全宇宙、尽虚空、遍法界究竟清净为身，也就是人生烦恼痛苦完全消灭，至于最合理最道德的和平安乐的境界。”[①] 太虚法师认为，佛也不是绝灭人欲而是化导人欲圆成人欲者。“佛教无漏境界是完全美满，全美，佛智澈了人生最极究竟是极真，诸佛、菩萨圆满自利利他是纯善，佛法最胜，佛为最胜者，佛即是众生求美、求真、求善、求胜等根本欲的圆成。”[②] 太虚法师认为，佛是经过无数长劫实修实证才获得觉悟的，众生只要信佛，依据佛的教导去实修实证，都会获得觉悟。而菩萨，就是以佛为榜样，发心修行，在现世慈悲利他，求得觉悟的人。

佛教以缘起性空反对永恒存在、具有实在性的偶像崇拜，以认识万有实相为最高追求，依此来看佛教是无神；依佛教存在各种神的崇拜对象，及民间大量信仰来看佛教又是有神的。佛教既有神又无神，早期无神化倾向中也隐含了神性、超越性追求，后面有神化倾向发展中也有缘起无神因素。有神还是无神任何一边偏离太远都会出离佛教的本质，保持两极平衡是佛教健康发展的重要条件。在佛教异化为迷信重死的信仰，佛菩萨被误解为与神灵信仰无异的偶像神灵，本有的伦理理性被遮蔽的当时，法师试

①《太虚大师全集》第二编《五乘共学 · 义释 · 人生之佛教》。

②《太虚大师全集》第十三编《真现实论宗用论 · 道德 · 人欲之分析与修证（五　大乘化欲的圆成）》。

图对佛菩萨理性化解读，去魅佛菩萨信仰中的鬼神迷信色彩，具有重要现实意义，但这也隐含了因世俗化、人本化而消解佛菩萨超越性的危险。

（二）世间慈悲利他的完成

佛陀的开悟根本上在于领悟此生所经验的生命之本性，进而希望在多少类似的来世求得断灭一切转生的因缘。佛陀又是在此生的日常生活中能关照这种圆满智慧与领悟，以大慈悲了知人类及其所需而教化众生的。如果佛陀的开悟构成了他的大智慧，那么它的首要结果就是他的大慈悲。慈悲可以说是佛陀成就涅槃仍住世教化众生的根源所在，也是佛教关怀现世人生伦理精神的根基。不管是小乘还是大乘都遵循慈悲精神，大乘不舍世间，自觉觉他、自利利他的菩萨行更是彰显了佛教慈悲利他精神。法师人成佛成的人间佛教承继这一根本精神并加以现代转化，将慈悲精神推向极致。太虚认为慈悲为本、方便为用是佛法要旨所在。发了菩提心去学菩萨行的人，能将这慈悲心方便用渐渐地修学，以佛陀为目标，希求达到圆满成就慈悲方便的大觉地位，这就叫做修学慈悲方便的菩萨。若能修习圆满，究竟完成这慈悲方便，而能普遍地去救济一切有情，教导一切菩萨者，就是佛陀。菩萨又是在利乐众生、净化世间的过程中践行慈悲心、方便用的。菩萨的事业，就是慈悲众生的事业、救度众生的事业。太虚法师认为，凡学佛而发心修学菩萨行的人，平常做一切事业，都应该常常观察自心的动机是善是恶。而善恶的标准即是有益众生，还是有害众生。[①] 太虚法师认为，都应依着智慧力，明白诸法的事理真相，断灭贪瞋痴，发慈悲利他心，修行总摄一切万德万行的六度行，成就慈悲利他心，证得究竟慈悲方便的佛地。六度是大乘菩萨行对三学戒定慧的扩充，强调慈悲、自利利他、自觉觉他，本质上更突出宗教信仰，个己与众生觉悟一体，但也具有很强的社会伦理精神。

法师同样坚持菩萨自觉觉他、自利利他的传统内涵，但又指出菩萨不仅仅是观音等大菩萨，凡是信解大乘佛法，依平等大慈、同体大悲心，发菩提愿，行六度利他行者都是菩萨。菩萨追求是以佛为终极目的，以在现实生活中实践利乐社会大众为基础，不断扩充，由初发心菩萨到大觉菩萨的层次进化历程。菩萨被还原为有大的志愿而去求佛的觉悟的人，菩萨的行为被落实为利益大众的世间道德行为。一定程度上，菩萨被还原为在俗世生活中践行慈悲利他的人，佛就是慈悲利他究竟圆满者。太虚法师认为，佛即实证一心真如，成就出世不离入世的妙觉佛果，能随顺一切众生，应化世间利乐一切众生，究竟离苦，究竟得乐，圆满自利利他。太虚法师认为，与世俗相比，佛教自利利他是最为彻底的离苦得乐，是真正的利；是自利利他一体不分的，是真正的自利利他。

---

① 参见《太虚大师全集》第四编《大乘通学·义绎·以慈悲为本方便为门以明孛经大旨·佛法要旨（二）》。

## 第二节　在现世人间成就人间净土

佛教以出离世间、追求常乐我净的净土世界为目的，而在中国佛教发展历程中，净土追求又呈现为人间化、心性化发展趋向。太虚人间佛教更是自觉而明确地倡导人间净土追求，在坚守佛教净土追求超越本质同时，又将人间净土与人世间净化改造完全合一。

### 一、将社会改造与人间净土追求合一

法师倡导人间佛教，认为佛教不是厌世、离世的，而是择灭恶世以创造美善人间的。法师认为佛教真义即教人明白人生的真相，彻底改造而归于完善，使五浊恶世成为清净国土，人人离诸苦恼而得安乐。佛教所追求的净土并非厌离世间才能最终成就的，它就是一种良好的社会或优美的世界。净土是实存的，是可以由五浊恶世改造而建成的清净世界。太虚法师认为，净土不是自然而成就的，也不是神造的，而是由有情众生起好的心、发善的行为积聚而成就的。浊恶世间是人心不正、行为不善而招致的恶果，如果人人改造自心、积聚善业，便能转此浊恶国土为清净乐土。因此法师批判脱离恶浊世间求生他方净土为小乘自了行而非大乘究竟义，倡导在恶浊世间改造基础上建设人间净土。净土与世间不二，净土既根本不同于世间，又不离世间，是世间的净化。修净土行不是脱离世间而求另一净土，而是凭自己心力，积聚诸善，终将浊恶世间转化为人间净土。人间净土理想体现了太虚法师出世与入世圆融，以出世方法行入世之道，以佛教改造社会的气魄、

理想。

> 我们要能有一种良善的工作，也能够造成功一种美好的世界，所以能把现在的人、世界改造成为清净国土。[①]

法师依佛法解说我们所居人间是苦的，但不同于以往佛教对苦的定位，把这些苦界定为人类生存与发展过程中受制于自然的逼迫，及欲望、老死、残疾等受制于自身的苦，争夺、战争、爱恨等来自于他人、社会的逼迫。太虚法师认为，人间的苦就是当下人类的困境，人间的去苦得乐就是当下困境的破解。人间是苦的但可以转苦为乐，人间并不必然本质是苦的、无意义的。太虚法师认为去苦得乐建设人间净土与解决现实困境实现理想社会重合，并且将应对现实困境、塑造理想社会的各种理论与实践也融摄到人间净土的建设中。当时世界饱受贫穷、不公、战乱等困扰，为解决这些问题，人们以各种理论为基础来找寻破解之道，推动社会进步，实现美好社会，各种改善社会的思潮与社会实践涌现。法师将这一切等同于“就此人间设想一美满之治境，期以改善之方法建立之”[②]。认为这些思潮由于没有正确的理论指导，往往适得其反，而只有就此人间以佛法为指导改善它，才能建设美好的社会，真正实现人间净土。人间净土建设被落实为以佛法来解决现实问题，塑造理想社会。人间净土将佛教净土追求与社会改造净化合一，而且太虚法师认为只有以佛法引领塑造世法，才能

①《太虚大师全集》第十八编《讲演·来生净土》。
②《太虚大师全集》第十四编《支论·建设人间净土论（三　人间净土之建设）》。

从根本上去除人类种种苦，净化完善人类社会，实现人间净土。

## 二、人间净土的境界

太虚认为人间净土就是人类对美好社会的追求，古往今来人们对于建设人间净土有共同的要求。

太虚法师认为人间净土依人生求得身命资产安全愿望而立。身命即人生正报、异熟识及根身；资产即身命依报、长养根识的器界。人心以求得身命资产之安全为本，异生凡夫所迷者，如来无分别智之觉悟者虽根本不同，但都依此而立。求资产、保全身命是人类生息繁衍的根基，也是人间一切纷争的根源。人与人、国与国之间的争斗都以保全各自的资产身命为目的，最终却根本危及身命资产的安全。佛陀正是感念人类的颠倒悲苦，为真正满足人类身命资产安全的愿望，而为人类讲说北郁单州人间净土。

法师依据佛说起世因本经中郁单越洲品第二，将北郁单越州界定为依人生愿望而立的人间净土。认为此经中佛所说须弥卢即太阳系总称，北郁单越州与地球一样，是太阳系当中真实存在的四大洲、四大人间之一。它是四大人间中最上、最妙、最高、最胜者，并以此得名。它是我们改造人间、建设人间净土所追求，并且可以真实实现的目标。法师依据人生愿望、大同社会的追求讲说此庄严美妙、清净美好、随心自在的佛土，将其描述为环境优美、人性良善、社会平等自由和合、人生愿望尽得实现的理想世界。

法师从人性良善的角度来解释郁单越洲池水、诸苑、诸河的名号，寓意郁单越洲除了改造环境最圆满之外还能真正实现人性良善。如："善现即此世界人性善妙，世界乃现耳，一争杀即不现也。安住即惟安仁之人乃可住也。普贤者，人皆尧舜仙佛，性皆善贤。善华即善心开花。"①

太虚法师认为此人间净土是真正实现完美的人类社会。它是由正信佛法、行十善业积聚而成就的。人人正信佛法，行十善业也可达成此人间净土。

## 三、人间净土建设路径

太虚法师认为要在破解现实困境、改造社会的过程中建设人间净土，实行过程以人类社会的经济、政治、文化的全面建设为基础——以政治为整合发动社会力量的总枢，发达实业解决人的衣食住行的实际问题，推动教育、艺术、道德等文化建设，提升人的素质，净化人的身心，解决人的精神文化需要，为社会的进步与发展输入根本动力。其中文化特别是道德建设又是最为根本的，人心净化、道德提升才是社会进步发展、改造净化的源泉。太虚法师认为，近代西方以科学理性为特质的文化缺乏道德知识，而中国文化以道德知识为特质，尤其佛教文化更是究竟圆满的道德知识。因此人类社会的改造、人间净土建设应以佛法为究竟，世俗的社会建设虽也是应有之意，但终究是有限的、不究竟的。

然今此欲以之建设人间净土者，则全在于佛化，

故吾人建设人间净土，当了知本具佛、法、僧之性德，

---

①《太虚大师全集》第十四编《支论·建设人间净土论（一　人生愿望之所在）》。

为根本。①

太虚法师认为，佛土庄严美妙，清净美好，随心自在，确实对应于恶浊的人世间，以去除人世间的种种苦恼不如意、达成人的种种愿望为基础而确立，也包摄了依佛法合理如实地生活是获得终极解脱的应用之意。这也是中国佛教净土追求人间化发展以致太虚人间净土倡导的理论渊源与实践基础。同时佛教虽也有即世间而出世间的中道传统，有心净国土净、净土就是世间实相的追求，但佛教所追求的净土又是根本不同于世间的超越世界，是建立在正信实修实证佛法基础上的。从太虚对人间净土的表述来看，他也是坚持净土对应于五浊恶世，具有不同于世俗的超越性，并且人间净土的实现以佛教信解行证为根本路径。但他又以实证方式来去除佛土的神秘，说明净土实有，而且可通过实实在在建设在人间实现，把佛土看成人类社会改造的完成。太虚法师认为，人间净土与人类社会改造合一，人间净土就是良好的社会，就是人类社会理想的达成。人间净土建设就是用佛教信仰、佛教精神来推动人类社会发展，改造人类社会，而且是满足人类愿望、改造社会、建构理想社会的唯一究竟方法。他的理论当中又包含着关涉超越性与世俗性的逻辑难题。

## 四、人间净土与极乐净土

法师认为净土是美好的世界，转五浊恶世而成，依人生求“身命资产安全”愿望而立。人间净土就是模范人间，人身所依的生

①《太虚大师全集》第十四编《支论·建设人间净土论（三　人间净土之建设－乙　人间净土之成分）》。

存环境、衣食住行等所需一切尽得满足，没有残疾病痛等，死亡的恐惧也没有了，寿定千年，命终上升诸天善界，可谓世俗层面人生求得资产身命全备的愿望尽得满足了。但人间净土还有局限，不算圆满，寿命还是有限的，还未跳出生死轮回，未能永生；它只是世俗层面资产全备的愿望满足，还未达到资用的极乐。由是在人间净土的基础上佛又为人说至美至善永生极乐的极乐净土。

法师将在中国有广泛信仰基础的西方极乐净土与兜率天净土定为极乐净土代表，并依佛经对极乐净土境界详细描述：极乐净土依佛菩萨愿力而成就，如西方极乐世界是阿弥陀佛发愿成就的，兜率天净土是弥勒菩萨发愿成就的。极乐净土是极其美妙，无有诸苦、但受诸乐的净土世界。兜率天净土在欲界第二天，还有五欲乐。西方极乐世界没有五欲乐唯有法性乐。极乐净土众生都享有无量寿，出离生死轮回，终必成佛，万修万成。

法师依人生愿望美好社会来定位净土：人间净土是满足世人求得身命资产全备的愿望但还未圆满，永生极乐是人生身命资用愿望的究竟完成，极乐净土依人间去苦得乐、生命增上完成而立。太虚法师认为，人间净土以极乐净土为终极理想，成就人间净土还要进一步上升极乐净土，而且只要发心就势必上升极乐净土。极乐净土具有跳出生死轮回成就无上菩提的超越性，这种超越性又是人生身命资用愿望的究竟圆满，以人间净土为根基。

法师又进一步以觉海净土融摄世间出世间、人间净土与极乐净土。太虚法师认为，太虚法师认为五趣秽土、人间净土、极乐净土性体相同，都是真如法性净土，由觉心杂染清净的分别而现诸相分别、名相差别。净土由有情身心业力成就，因为种种苦恼境界是人自心中烦恼业惑所感，改造苦恼境界就要由个人自心改造。如果人各改造自心，为善去恶，便能转此苦恼世界而成清净乐邦。人间净土还未究竟，还要进一步上升为极乐净土以跳出生死轮回成就无上菩提。太虚法师认为，唯成就清净圆满佛智，才能实证真如法性净土，并能随顺菩萨及三乘、五趣，化现诸净土秽土，真俗不二。

前来虽说五趣秽土、人间净土、内院净土、极乐净土诸相，须知一一自相离言思故，平等皆为真如法性净土，特非菩萨无分别智，不能分证清净，非如来大圆觉海智，不能满证清净。故现种种异相；虽现诸相差别，然皆不离觉海。但由觉心杂染清净之殊，染有浅深，净有偏圆，现诸相之差别。以无始觉心杂染故，惑业增长杂染觉心，杂染觉心增长惑业，招杂染觉心现为五趣之秽土。损伏惑业，增长善业，招善觉心，现为人间净土。仗托弥勒、弥陀净愿为增上缘，伏断惑业，增长净业，招净觉心，现为内院极乐净土。觉心大海，少未圆净，即不能尽别异诸相。如来觉海圆净，如如相应真如法性，是为自受用之净土。然为与诸菩萨地同受用及随三乘、五趣缘故，亦复现诸净秽身土，如幻如化，无量差别。知为觉海，则同在净土矣。欲穷斯义，具于教理行果之大乘法。[①]

太虚人间净土思想对心净国土净、即世间出世间传统承继但又有独特开创。他将净土追求落实为人类愿望的实现以至完满、人类社会改造的不断增上与究竟完成，形成以觉海净土所融摄的由五趣秽土（杂染的人间）、人间净土、极乐净土层次递进的过程。太虚人间净土追求的重心、根基是以佛法塑造世法，将佛教人间净土的追求与人类美好未来的追求合一。人间净土建设就是世俗层面上理想社会的达成，当然人间净土又是以信解行证佛法为基础，以佛土清净庄严美妙神秘为底色的，并且以上升极乐净土跳出生死轮回成就无上菩提为最高追求。太虚法师认为，极乐净土既具有超越性又是人生愿望究竟完成，是人间净土的自然与必然增上的结果。他将传统极乐世界、内院净土落实为以人间净土为根基，究竟完成人生愿望的极乐净土。

佛教将世间看作苦的，以出离世间、追求常乐我净的极乐世界为目的。佛教极乐世界是根本不同于世间的超越的彼岸世界，同时又是以遵循佛法合理生活、修行，证悟实相而达到的。佛教净土追求既有无数佛无数净土，而且也有即世间出世间真俗不二唯心净土的传统。前者最具影响的是阿弥陀佛所在西方极乐净土、弥勒所在内院净土，并形成专以上生净土的净土宗，后者以禅宗为代表。二者既相区别又有联系。宋明以后禅教归一、禅净合流，唯心净土与他方极乐净土相融合，净土信仰日益人间化、心性化。

①《太虚大师全集》第十四编《支论·建设人间净土论（四　人间净土与永生极乐－丙　觉海净土）》。

心净国土净，西方即在眼前，太虚法师以真俗并举、体用相即的手法调和唯心净土与他方净土。在追求往生他方极乐净土的同时也宣扬净土不离世法，只有把世法干得妥妥当当、毫无欠缺，以做出世之根基，才能成功。佛教也因此强调广修十善，包括孝敬父母、慈心不杀等，以做出世的资本。到清末，因经世致用思潮的影响及改造社会的需要，净土宗主张念佛往生的同时也日渐强调人间净土的思想，寺僧、居士、学者也多以净土思想充实教理教义或经邦济世之学。鸦片战争以来，在西方列强的逼迫下，中国深陷危机。杨文会是中国近代士大夫阶层的代表，主张国家富强、经济发展、政治开明固然重要，但更根本的是文化理念、精神气质，认为中国当务之急是文化转化、人心重建。他积极复兴佛教，试图以佛教救世及维持世道人心。他的宗教理想就是以体悟佛理、转妄成真、恢复本性达到净土而救世救心。他认为现实世界是人心染污所致的虚幻世界，是无前途的，只有奉行佛法、恢复本性、不造恶果，才可达到纯善纯美的理想世界。基于此，他归心净土，认为净土宗涵盖诸宗、普摄群机，是末法时代简易修行法门。他主张念佛与开悟不二，往生极乐净土即证弥陀于自性，学佛者无需脱离俗务、摒绝万缘，只要有对庄严净土的超越追求，体认万物当体即空的真谛，一切人间事务就不只是利生济众的因缘，而且是个人解脱往生净土的捷径。他所追求的净土是注重开悟，自力与他力并重、入世与出世无别的净土，是与救世度人社会理想相结合的净土。杨文会净土思想开启后世佛教净土追求与人间净化融合的风气。太虚继承杨文会佛教净土追求与人间净化融合的理路，并进一步将二者合一，力倡人间净土。

在佛教净土信仰发展的历程中，唯心净土与他方净土融合，净土追求人间化、心性化。净土与人间不二，取决于心性净与染，净土就是转染成净，就是人间如实真性，人间染污也不失自体清净法性，不离净土，从而形成佛教随顺世俗生活而体悟佛理、佛教修证肯定、融摄世俗生活的风潮。生他方净土包摄世法肯定世法，以世法为基础，或以一心二门说明世间与净土不二，融合二者。但世法与净土根本上还是两回事，仍是以超越的彼岸极乐世界为根本追求，前者只是后者的方便。杨文会应对时弊，以佛法求世法，复兴佛教以救世救心，将净土追求与人间净化融合，但他仍是延续一心二门、真俗二谛、心净国土净的传统，侧重于修证真心、破俗显真、即俗显真来界说净土，他所追求的净土仍是根本不同于俗世的超越彼岸世界。但杨文会回真向俗，将平等、自由、和合等现代精神融入真心，并以此超越性批判改造社会现实，他依佛教净土追求对社会的批判改造更多是精神性层面的。太虚以觉海净土融摄世间出世间、人间净土与极乐净土，即世间而成就净土，以人间净土为根基，以极乐净土为终极理想，将净土落实在对人间社会实实在在地改造净化。净土就是以佛法引领、塑造社会人心的增上完成，就是人间社会的净化，而本质上世间与净土、人间净土与极乐净土不二。当然太虚人间净土追求的重心、根基是以佛法塑造引领世法，破解现实困境，在实现人类愿望、建设美好社会的过程中建设人间净土。

太虚人间净土理想有佛法渊源，也是顺应当时时代风潮，对治当下鬼神的送死的佛法积弊，对佛法净土追求理性化、现代化解读。在他心中净土实有，佛菩萨实有，佛教修行、修证的一切神秘宗教体验实有，并用一种实证方式证明信仰的一切，这往往也隐含危险，会消解佛教的信仰特质。宗教与科学、信仰与理性在某些领域应各自独立，不必迎合对方。佛菩萨、净土等终极追求从根本上与科学理性不同，无法用实证方法证明，两个不同的领域，无法也无需完全等同，最好存而不论。宗教所许诺的终极世界天堂、极乐世界永远只存在于彼岸，宗教终极追求的超越、至极、终极、至上等就在于其出世性，而且此超越境界在现世既不能完全证实也不能完全证伪。人间净土只能是信仰、终极目标，佛教以出世方式行入世之道，即世间求出世，但又要以信仰为前提，坚持信仰的超越性，终极境界的超越性、独特性。当然科学理性也可修证信仰，剔除迷信，发展信仰。

## 第三节　僧格建设与人格建设

太虚人间佛教将学佛落实为由凡夫学菩萨的层次进化的历程，将净土追求与人类社会的改造合一。认为俗世凡夫如都能以菩萨的精神塑造自身人格，利乐大众，服务社会，就能实现人生真意，在尘世成就和平安乐的极乐世界。太虚法师认为，佛菩萨、人间净土的追求在现实生活层面又具体落实为僧格、人格的养成。僧格、人格以佛菩萨、人间净土为最高伦理价值追求，同时又融摄现代社会伦理诉求。

## 一、僧格人格基本特质即去私为公

太虚法师认为，当时国民的通病即勤自私，懒为公，因此必须从去私下戒懒，从为公下服劳。此通病除去，则可成为一个去私为公的完人。僧人本是和合众、有组织的教团，僧人只有在有组织的佛教教团中为公服务，才能养成僧格。这是最浅的去私戒懒、为公服劳，做到这一点就能达到最浅的去私为公，做一个合格的国民、合格的僧人，养成基本的人格、僧格。

太虚法师认为，人格僧格的圆满即以无我大悲心精进为公，以至究竟去私为公的佛菩萨的境界。一心为私，专营一己私利而患得患失，招致种种忧愁痛苦；贪瞋痴诸烦恼恶行都因自私而生起；为私而不顾他人，心性灵觉智慧为之障蔽。而养成为公习惯，勤于为公则心中光明坦荡，越多做越感快乐；慈悲、不害、无贪心等各种善行，都能自然成就；心地自然光辉，智慧清明。太虚法师认为佛菩萨就是能真实去私、专为众生、成就常乐我净的觉者。太虚法师认为去私戒懒为公服务是离苦得乐、转恶为善、破愚成智最切要的办法，依此实行，近者可以成个好人，远者可以成菩萨，成佛。

僧格人格基本特质即去私为公，僧格人格的养成即实行去私戒懒为公服务，从做一个好人开始，不断增上，由浅入深，成就圆满大觉的智慧、究竟去私为公的佛菩萨境界。①

① 参见《太虚大师全集》第十编《学行・僧众学行・去私戒懒为公服务》。

## 二、国民最需之基本德行俭勤诚公

太虚法师认为当时中国内部农村经济已完全破产，都市经济也集中在富绅、商人的手中，多数国民生活贫困，而一般国民却无视国家民众困境，受西洋物质的诱惑，追逐繁华奢侈的风尚，多不肯从事实际的生产，只想不劳而获现成攫取的享用。太虚法师认为，以这样的无道德的人民来救国，那是办不到的事情。因此，救国图强，提高国民生产力和发达社会经济固然重要，但更为基本的是建设国民道德。

针对时弊，法师提出当时国民最需要的基本德行即俭勤诚公。把有用的精神和金钱来有效投入生产的建设，不过度挥霍，养成俭朴的德行；不以奸巧、欺诈等方式不劳而获现成攫取人家的东西，而用自己的身手体力的劳作去获得应有的报酬，养成勤劳的德行；对于整个的国家、私人的友朋，应当去除虚伪欺骗的行为，养成光明磊落的胸襟，一切一切的行径，处处示人以诚信；在小团体中奉行诚信，积极为公，并不断扩充，以致国民普遍养成为公亡私的德行，由小团体的和合团结到整个民族国家的和合团结，奋发向上。

太虚法师认为，以“俭朴”，对治帝国主义经济侵略；以“勤劳”，促使国民的生产力可以无限增加，救治国家贫困；以“诚信”“为公”建设社会的和合团结；社会的经济建设、国家的富源、社会的有序与团结、国家民族的复兴就可以由此生起了。[①]

---

① 参见《太虚大师全集》第十三编《真现实宗用论·道德·新青年救国之新道德》。

法师认为在西方现代文明的冲击下，中国固有的信仰、道德失范，民众多以满足自己的私欲为本，道德意识淡漠，骄奢淫逸、自私自利、尔虞我诈，“为公之心减到冰点，为私之心增到沸点”[①]，“从前还能为家族，现今只为个人，成为极端的自私发展”[②]。太虚法师认为以这样无道德的国民来发达经济、实现民主共和、完成近代化、救治国家民族是不可能的。只有重塑道德意识、道德良知，树立国家、社会、民族的观念，将一己荣辱与国家民族的兴亡合一，以俭朴、勤劳、诚信、为公等德行对治私心、私德，建设国民道德，才能完成个人道德境界的提升与国家民族的复兴。[③]法师在中国近代化背景下，将道德建设与社会经济、政治现代建制相联系，提倡从当时社会所需来建设国民道德。其国民道德基本要求即俭勤诚公，根本特质即去私为公、以公德为主。

太虚法师认为，从表面来看，道德建设主要是道德规范的确立、道德品行的养成，但没有对道德的源泉，道德的神圣根据、终极意义、终极评判及道德完善可能性等道德形而上学问题的应对，没有相应的精神信仰、价值观的支撑，道德规范的确立、道德品行的养成又是无法真正实现的。正因如此，法师认为在西方文化的冲击下，中国传统信仰崩溃，中国学术界莫衷一是，彼此攻伐，民众思想混乱，有效的道德标准缺位，是导致当时国民道

①《太虚大师全集》第十三编《真现实宗用论·道德·新青年救国之新道德》。
②《太虚大师全集》第十三编《真现实论宗用论·道德·菩萨的人生观与公民道德》。
③孙永艳：《太虚大师公民道德观初探》，《法音》，2011年第7期，第26–30页。

德屡倡屡败的症结。只有树立相应的国民道德标准，国民道德建设才可能成功。[①]法师更进一步指出佛教且只有佛教能当此重任。他认为佛教的万法唯心、因果业报“主张宇宙间的天然界和人为界，所有事实的现象先后之迹，稍一观察，莫不含有心理现象因果的至理。”[②]“要达到未来好的目的，是由现在好的行为得来；反之、现在专事捣乱、穷凶极恶的行为，将来必食恶果。个人如此，整个社会也是如此。”[③]这完美地确立了道德的至上性、神圣性，道德的终极评判等，可有效树立社会道德意识、道德责任，摆脱道德堕落的困境；佛教性空无我、自利利他的大乘菩萨追求主张“全宇宙间事事物物，没有那样东西离却一切的主因助缘单独地存在”[④]，都是性空无我的，“公共团体社会国家事业的发达繁荣，就是个己生命的繁荣发达”[⑤]，太虚法师认为，这为当时去私为公的国民道德建设提供终极支撑。

## 三、俭勤诚公也是僧众基本德行

法师同样以俭勤诚公作为雪窦寺训，作为僧众基本德行，勉励僧众身体力行。

太虚法师认为节俭就是适当满足生活必需的用度，拒绝奢华、糜烂的生活，消除浪费；出家人要去除贪心烦恼，就必须奉行节

① 孙永艳：《太虚大师公民道德观初探》，《法音》，2011年第7期，第26–30页。

②《太虚大师全集》第十三编《真现实论宗用论·道德·如何建立国民的道德标准》。

③ 同上。

④ 同上。

⑤ 同上。

俭，过清心淡泊的生活。僧众都能从我做起，实行节俭，进而影响到全寺大众、整个佛教界乃至社会全体大众，都能实行俭德。太虚法师认为这样就可挽救当前奢侈的社会风气，解救民困国穷的危机。

太虚法师认为，勤，即无论作何事、行何业，都要勤劳力作，不能有丝毫懒惰。出家人主要是勤修菩萨道，度化众生，尤其是勤修六度，而世间普通的事业、学术，也要勤行能做到。替佛扬化的出家僧众，必须时刻勤于导世利物、弘扬佛法，对于自己所承担职事尤其应以尽职为原则。法师还特别指出要以勤救治当时人的苟安之病。

诚，即诚实，就是要诚心实意地待人处事，不存丝毫奸诈心、虚伪心、欺骗心等。诚心待人才能协力同心，精诚团结，诸事成功。太虚法师认为只有人人真信实行诚字，都能诚实做人、做事，中国佛教的复兴才能有望。

太虚法师认为，公集中体现了大乘佛法真精神，就是由无我而生的一心为公及公平、公正。俭勤诚是大小乘所共行的，而公才是大乘所独行的。大乘人追求为人做事，处处要以无我大公心服务大众为前提，少说多行。如此，僧众人人一心为寺院，为佛教，进而影响到民众都能去私为公，乃至天下为公。

俭勤诚公为僧众基本德行，其中又以破除我执、去除为我私心、成就公德为根本特质。太虚所说俭勤诚公既有当时时代所需的具体世俗道德内容，又有契合佛教修行根本精神、有关佛教修行基本美德的论述。法师希望僧众勤俭诚公，影响及示范全国民众，救治时弊建设新佛教、新国家。

太虚法师认为，僧格产生由具足对于佛法僧三宝信心，而僧格还须以六度之学养成：由学此施、戒，才可以发生僧格；学忍辱、精进，才能够增长僧格；由修定而得禅悦之乐，由修慧——闻思熏习——而得法喜之乐；于是信心坚固，僧格养成。

> 未出家前，先具中学毕业以上之程度，及大体了解佛教，由三皈、五戒具足正信而发心出家。出家后，于律宗中受持沙弥律仪一年，及受持苾刍律仪一年，令尽离俗染乃给予受戒证书。入佛教中一宗之专门大学修学五年，及于各国各宗游学五年。入山结茅或闭关三年至十年，戒定加行以期亲证。行解相应，已有内心证验；乃入世为人弘法为家务，利生为事业，以尽菩萨僧职。①

### 四、俭勤诚公的理论界说

法师从经济政治、文化道德、佛法三方面解释俭勤诚公，为其建立理论基础。

从经济政治的角度：太虚法师认为经济政治是人类生存与发展的基础，经济的发展要有资本，而资本要依靠节俭来积累，继而靠勤劳来利用、发展，节流开源。一切经济政治的建设，都从俭勤得来。政治是两人以上所不能没有的社会关系。如果没有真诚，人与人之间就不能互信互助，有序而强有力的社会关系就无

①《太虚大师全集》第九编《制仪·僧制·僧格之养成》。

法形成、无以维系，经济生活自然也不能成功。太虚法师认为诚是建立社会关系的根本，而社会关系又要以公平公正为目标。没有公平公正，人们就会互相侵害，互相压迫，安居乐业不可能，政治与经济事业也必将失败。俭勤诚公都是经济、政治建设发展必不可缺的根本，而俭勤直接关乎经济建设，诚公直接关乎政治建设。

从文化道德的角度：法师力求从儒家、道家等传统文化中找寻俭勤诚公的合理性依据。太虚法师认为儒道都以俭勤为根本美德，将之作为文化道德建设及发扬光大的根本。“不诚无物”“自明诚人之道，自诚明者天之道”，儒家以诚为上天下地一切万物相资相长的根本，从天道人道本体角度确立诚的道德地位。太虚法师认为中国文化历来以公平公正、天下大同为最高追求，主张人类文化道德要依公平公正而达到最高境界，社会上没有公平公正，就是没有文化道德。

从佛法修证的角度：太虚法师认为，俭，在佛法中即戒。戒，就是废止不当的行为而力行恰当的行为。戒除不必要的、不应有的行为，以节省精神体力来做该做的事，戒也就是俭。而布施、忍辱也成为戒也就是俭的助导。布施即舍除，就是舍除由贪心而引起的不必要的一切，避免精神的虚耗浪费。一切由瞋心引起的无谓斗争，都可由忍而息灭，以免精神时间无谓的浪费。勤，在六度中就是精进。勤要建筑在节俭的美德之上，才是正勤。勤被界定为止恶行善，即俭德基础上利益他人。勤以精进为主，而布施、忍辱又成为勤也就是精进利他的助导。精进利人，就要放弃自己的所有来救济他人，并能随时反省自己，舍除不良嗜好，一心行善。只有忍辱负重，才能不计得失荣辱，一如既往精进利益众生。诚，即言行一致。由言与行一致，进而心与行一致，直至心与境一致，就是由诚而达成禅定境界。太虚法师认为定慧、神通，都可由诚而得。能心专注于一境，心境融洽，现象与本体交融一体，定慧双显，这是诚的极致、究竟。公，即无私。要成就公德，必须破除我执，完全去除为我的私心。佛法教人修证，观万有缘起性空，身空法空无我相，乃至观我与众生同体平等而发大菩提心，太虚法师认为这是公的最高原则、最高境界。①

在现代社会构建、经济政治建设需要基础上，法师将勤俭诚公四种德行作为国民道德建设基本内容，并对它们的具体内涵作出界定。从文化道德，主要是儒道等传统文化道德立场确立四种德行的理论依据。更从佛法修证的角度，将六度界说为勤俭诚公，赋六度以适应时代、适应俗世的独特新意。太虚法师认为，勤俭诚公的国民道德也成为僧众基本德行，这四种美德的养成是僧众学菩萨作佛，达成佛教最高理想的基础，而僧众养成四种美德又会化导社会大众，助成国民道德养成。勤俭诚公阐述既有立足世俗生活的具体道德内容、立足传统道德哲学的道德本体论，又有与佛教根本精神相应的佛法解读。俭勤诚公是具体世俗道德与佛教修行美德融合的产物。

太虚以去私为公为本，兼倡勤俭诚公，既有传统文化中公的理念追求、个己他人社会一体的影子，又有现代开创。从世俗角

①《太虚大师全集》第十编《学行·僧众学行·俭勤诚公》。

度来看，道德根源于社会生活实践，是维系社会人心、建构良好社会秩序、保障社会生产生活顺利进行的根基。他认为道德建设中具体道德规范确立更需要本体论、境界追求等的理论支撑，后者比前者更根本，从文化道德特别是传统文化道德角度建立俭勤诚公的道德本体地位与精神追求，确立理论合理性。太虚法师最根本的还是以佛法作为俭勤诚公的合理性与终极追求，将俭勤诚公与佛教修行美德融合，认为只有以佛教信仰追求、建构俭勤诚公，乃至究竟去私为公的僧格人格，才能从根本上实现国民道德的建设。他这一思路，过于理想，不切实际，难以行得通。但这又是以佛教为本位思考现代社会伦理建设的有效尝试，其中也蕴含许多有益的理论创新。

法师俭勤诚公的论述蕴含着关照现代社会的伦理诉求。俭勤对应于现代爱岗敬业等职业道德，根源于现代社会特别是市场经济伦理，与西方新教主张在上帝信仰下追求节俭而勤奋地积累资本有异曲同工之处。诚信是现代民主社会、商业社会根基，与之共生。法师将诚信作为现代国民应有道德，并且继承中国道德传统的诚信资源，促进传统熟人社会诚信向现代社会诚信转型。公，现代公共生活中公共精神的养成。法师认为中国必将由传统家天下社会向现代民主社会转化，在独立个己构建的民主法治社会，要在尊重个己独立平等基础上确立公共精神。他以个己与群体社会缘伴互生为理论支撑，力主人人应平等参与社会生活，信行公共原则，养成为公之德。传统社会，为公的追求强调群体至上，个体存在与价值完全取决于个体在家国中的尽职尽责。法师所倡导的为公之德既不同于传统，又渗透着传统社会融个人与家国天下一体的影子，是在此基础上的现代转化。传统社会既有个体与家国相伴共生一面，但个体独立性、自主性、平等性缺位，传统公共精神是对家规国法的信行，对于家长、族长、君长的忠诚顺从，对于家国职责的尽心尽力。传统家天下模式，公共生活缺位，与之相应的社会权利、社会责任、社会公德缺失。法师对于为公的论述是在各自负责、平等参与、自利利他基础上将自己的荣辱与家国天下融为一体，包含了现代性元素。

# 第四章　太虚人间佛教应用伦理

应用伦理是理论伦理学与具体现实问题的结合，就是依据相关伦理思想对现实社会中不同领域出现的重大问题作伦理分析，解决现实生活中的道德难题，评价人们行为的道德合理性、正当性等。佛教以出离世间的超越境界为最终目的，但超越追求又是以世间合理生活为路径，是人生痛苦、恶的消除，人生至福的实现。佛教以超越追求关照世俗道德生活，中国佛教尤其典型，而自觉的伦理关照可谓是由太虚所开创的。佛教虽有即世出世的中道传统，但超越追求根本不同于世俗世界，是出离俗世才能最终成就的。佛教虽关照世俗生活，但又认为美好世界不存在于世俗世界，并不主张积极参与、塑造世俗生活。佛教在中国化的过程中，顺世而发展，成为中国文化、伦理建构重要一极，发挥着辅助教化重要功能。但中国佛教依然以不同于世俗世界的超越追求为根本，以超越方式关照世俗生活，并不积极、自觉地思考应对具体现实问题。在中国近代社会转型期，社会体制、文化、道德面临重建，社会现实危机、道德困境急需破解。太虚从佛教立场，自觉思考、应对这一切，并且试图以佛教积极参与并且引领社会转型。他将佛教的革新、复兴与救国救世融合，试图以佛法引领、塑造世法，破解现实困境，在实现人类愿望建设美好社会的过程中建设人间净土。他从佛教立场，深入思考、解答如何实现家庭生活合理化、现代化，如何建设如理如法的现代佛教经济，如何实现经济生活合理发展，如何建设僧众如理如法的生活等现实问题。

## 第一节　佛法与当时的救国救世

太虚试图以佛法重塑文化重心，重塑民族精神，塑造现代国民，救亡图存；试图以中国文化尤其佛教文化弥补西方文化的偏失，建设世界新文化、普世价值，期以救治当时的世界危机。

### 一、佛法于当时中国的作用

#### （一）以佛法重塑文化重心、重塑民族精神

法师认为一个民族文化有了重心，才能有民族凝聚力、创造力，民族的生命力才能拓展。近代中国在西方列强的入侵逼迫下，原有的社会逐渐解体，以儒家为主的民族文化也逐渐崩溃，民众失去了安身立命之道，人心失范。太虚法师认为当时中国救亡图存的关键就是重塑文化重心、重塑民族精神。而民族文化与民族精神的重建，既不能固守中国本有文化，抹杀其他民族文化的优点，也不能完全抹杀中国本有文化，对欧、美文化盲目承受，应

该择选中国本有文化要素来建立中国民族的生命，择选各国现行文化要素以资养中国民族的生命。“苟政治设施渐已修明完美，则提炼几千年来中国固有相承的文化，及吸收现在世界所流行之文化，而建立为现代新中国之文化。”[①] 中国传统社会建筑在大家族制度上面，与之相适应，儒家文化的特点就是家族中心的伦理道德。太虚法师认为中国要成为现代国家就必须从根本上改变这种家族中心的社会模式，而民族文化的重心，也不再属儒家，因此，由吸收西洋学术工业文明，以构成一新儒家，重建民族文化的重心也是行不通的。太虚法师认为佛教是中国文化的固有部分，也是品质最胜的部分，佛教教理可以起到会通中西古今文化、重建民族文化以至世界新文化的作用。

太虚法师认为，业报论是佛教最要一法、根本特质。业报论即由善的行为引生善的结果，恶的行为引生恶的结果；造有漏业即得有漏报，造无漏清净业即得无漏清净报。太虚法师认为业报论贯通有漏业报、无漏业报，通世出世间法；融摄一切法空、万法唯识意，说明众生及法没有固定不变的实我，都是缘生识现的。业报论说明前生后世生死流转乃至解脱最终都是众生善恶业报结果，自作自受，没有神我灵魂等不变实体，也没有主宰一切的造物。太虚法师认为佛教业报论是最究竟圆满的，发挥佛教此特质，破除一切迷信、旧习，显示佛教真正面目，才能建立新信仰的佛教，使佛学适合人类进步的需要。

---

①《太虚大师全集》第十三编《真现实论宗用论·社会·新中国建设与新佛教（二　新中国建设之趋势－丙　由政治修明到文化开展）》。

以这样业报法成为正确的信仰，则但能行善行义必有充分的功利结果，可以使各人增加自己不少勇气，做到政治上、学术上、信仰上、道德上各各自负责任，以积极的提高个己，贡献人群，实行自利利他的弘愿。①

太虚法师希望从佛教新信仰重塑文化重心，振作起全民族复兴中国的精神，发动全国民众精诚团结，努力自强，自力更生，救国图存，而佛教也成为适合于现代中国需要的新佛教。

（二）以佛法塑造现代公民道德

法师认为在中国君主专制的传统社会，国人个顾身家，既无力又无视国家政治、社会事务，缺乏社会国家的观念，而在建立了民主共和国后，在政治体制上变成了以民主、自由、平等为主旨的民治国家，相应地需要改变传统道德以私德为主、公德缺乏的积弊，建设以公德为主的公民道德，并明确提出公民道德是实现民治国家乃至近代化的根本要素。

中国政变已有二三十年之历史，其尚未能达到平等自由之目的，实因国人缺少了公民道德的原故，故今日中国国民最需要者，即为公民道德。若不能养成国人的公民道德，无论军、政、实业等变化至如何程度，而欲建近代的国家社会，终无安定之一日。在中国以前之情形，从人的方面来讲，多数农民及工民、商民皆有大家族之组织，衹知各顾身家，凡国家政治、地

①《太虚大师全集》第十三编《真现实论宗用论·文化·佛教最要一法与中国急需一事（三　中国急需的一事）》。

> 方公众之事，概视为毫无关系，以为一切自有皇帝与官绅去作，纵欲去作亦不可能，其无国家社会观念者如此。然现在之国家，乃人民建立之民治国家，人人皆有国家的、社会的关系。欲建立此民治的国家社会，必须先养成公民道德为根本之要素。①

太虚法师认为在现代民主政治制度的建构中，只有制度的建设是远远不够的，完善的公民意识、公民素质是不可或缺的软件，而公民道德，即符合公民权利和义务所要求的个人行为态度和品质，又是公民意识、公民素质的基础所在。完善的公民素质，特别是公民道德在中国近代民主制度的建构中尤其重要。因此，太虚法师将道德建设放在中国近代化转型的大背景下，结合民主建制、社会近代化转型来谈公民道德建设，并且将公民道德建设作为实现民主共和、完成近代化的根本，这一理论契合时代潮流，具有极深的洞见性和深远意义。另一方面，法师从信仰、道德角度破解时代困境，寻求现代突破，这一思路也是对中国德治文化、救世救心传统的继承。法师看到了合格公民的培养在民主制度建构、近代化转型中的根本意义，但没有看到公民素质的培养是包含多方面的综合过程，把合格公民的培养基本等同于公民道德建设。太虚法师针对传统道德缺乏社会、民族国家观念，私德为主、公德缺乏的弊端，应对当时救亡图存的时艰，提倡以佛教的缘起性空、无我、平等信仰、自利利他的大乘菩萨行为支撑建设去私

①《太虚大师全集》第十三编《真现实论宗用论·道德·菩萨的人生观与公民道德》。

为公的公民道德。他处理公民道德建设中自我、他人、社会三个维度的理念根本上是三者平等无碍的佛教圆融思想，最高追求也是破除我执、我欲，发菩提心，逐渐由个人到家庭，渐到国家、社会、天下，到一切众生皆成佛。这也使得他的公民道德观具有超越性、普适性，与世界多元化下世界公民道德观有某种程度的契合。

公民道德的建设绝非只是规范制度等层面的底线伦理建构，它需要有相应的精神信仰、价值观提供形而上的支撑。太虚对于公民道德建设中形而上、形而下的关系，个人与他人社会三个维度的关系等根本问题都有所思考，并做出自己解答，对于当代中国社会公民道德建设仍具有深远的启示意义。

佛教可谓中国传统伦理建构中的重要一极，太虚试图使佛教积极参与文化重建、国民道德建设，是对传统的继承与创新。这一思路既带有中国传统的道德至善论、道德唯心论等特点，又与传统有很大的区别。在这里，他将佛教信仰作为建构社会道德之本，一改传统佛教对世间法的被动适应，主动建构道德。法师主张人心道德的重建是当下中国救亡图存、救国救民的根本，并试图以佛法积极参与这一过程，以佛法为标准重塑人心、重塑道德。太虚这一思路又渗透着中国传统神道设教、救世救心特点。太虚法师认为，现代社会，伦理建设去魅化、多元化，传统神道设教的方式已不可行，在政教分离，法治化、社会化过程中，佛教应首先在自身小系统中建构完善的伦理道德生活，再以相对独立的社会组织身份，与社会大系统相关联并良性互动，参与社会道德建设，发挥社会道德影响。

在某种程度上，文化道德建构、人心精神信念尤其道德素质是良善社会建设、社会净化的根本。太虚主张信仰道德重建是立国立民根本、道德形而上学标准是道德重建根基，要立足传统关照现代建设国民道德，这些主张可谓抓住了道德重建的根本问题。

## 二、佛法于当时世界的作用

太虚认为近代欧美文明的科学发达与工业进步，诚然是很有特色而为过去所没有的，但从做人立国之道看来，却恰恰是罪恶之源。

> 近代做人之道，只以个人权利为目的，占有资本，剥夺他人，扩大资本，进一步剥夺，成扩张与剥夺恶性循环。各资本集团及个人抢占市场追逐利益，采取各种手段，展开激烈而无序竞争，而导致经济恐慌；同时受剥夺被压迫的一方——无产阶级团结起来，奋起反抗，试图推翻资产阶级，而发展成国内阶级斗争、国际无产阶级革命、社会主义运动。
>
> 近代立国之道就是以己国富强为目的，凭借自己的富力强力，侵略弱小国族，增强本富强力，并进一步侵压弱小国族，成扩张与侵压的恶性循环。各帝国主义国家在全球范围内瓜分势力范围，疯狂扩军备战，以致全球战争一触即发。各被欺压的弱小民族求独立自决、联合抵抗发动民族革命。这一切使社会陷入混乱不堪的状态，世界处于普遍危险境地。

> 由恶行的恣肆的结果，反得到较以前科学没有发明的痛苦更深厚了！这因为科学的发明，仅作了少数人纵恶的利器。①

太虚反思科学至上、个人至上、纵欲害物的近代文明的困境，提出此文明道德文化不足，并不是圆满的、究竟的。他认为中国文化是道德文化，尤其佛教是最究竟圆满的道德文化，可补救西方科学文明不足，创建世界新文化。太虚法师认为应以儒家忠恕尤其以佛教树立美德标准，以佛教自利利他慈悲方便立国立人之道救治西方纵我害他立人立国之道，实现人间净土，救治世界。

太虚法师认为在个人至上、纵我制物的近代文明主导下，善恶的标准已然失掉，恶行恣肆，所以要将善恶的准标重新确立。佛教“无自体的缘成义”上的“自他不二”，是很坚实的道德根据。“唯识现上的恒转义”，可以打破恶行的恣肆。依佛法自利利他不二、绝对的不害他的精神，用在政治方面，就以自治自卫做政治的方针：对于自己的国家里所有的军备和外交等，在不害他的范围以内，以谋自卫自立；在经济上，是以自产自给为原则。

> 这两种原则，不过是过渡时代的救济方法，究竟的方法，仍然是以积极的利他的大乘行为为正确为澈底。不过，在这完全以害他为手段而图自利的情形之下，不得不以不害他的方法为过渡。所谓利他的究竟行者，如大禹的治水，是为救济所有的被灾害的人民，所有

①《太虚大师全集》第十三编《真现实论宗用论·社会·从世界危机到佛教救济（二　危机的原因与结果－乙　恶行的恣肆）》。

> 的人民不再受洪水的侵害，而大禹的个人，也就得到了安宁幸福的生活。所以，现代以灭他人的国家来充实自己的实力者，实在不明宇宙人生的大法，也就是违反了因果的定律和自他的关系，以致愈求和平而和平愈不可期，愈求幸福而幸福愈不能得。所以，必定要依真理去作，必定要将所有的政治经济，皆以全人类的利益为前提，而自身自国乃至于自种族的利益，也就建立在人类的全体的幸福中。①

法师认为世界纷争的根源就是对立、竞争、物质至上、害他自存的文化。各种文化伦理比较以佛教作为中国文化最为圆满，融摄、兼容诸教及不同文化，因此中国应努力于世界新文化、普世伦理构建，救治世界危机。全球伦理建构中，文化差异、文化多元，法师作为教界名僧，从佛教立场对此积极应对。他在全球化背景下思考人类共同面对的问题根源及出路，思考人与人国与国相处之道，思考世界文化、普世伦理构建。

法师认为佛法缘生识现、善恶因果业报思想是重建文化重心、重塑信仰、重塑人心、重建国民道德的根据，也是内力统一抵御外患、富国强兵、步入世界现代国家的根本。太虚法师认为应以佛法重建文化重心，维系社会人心，确立安身立命之道，使国民各自负责，振奋精神，团结合力建设现代新国家。他认为应以佛法为根本标准建设国民道德，改造国民成为俭朴、勤劳、诚信、

①《太虚大师全集》第十三编《真现实论宗用论·社会·从世界危机到佛教救济（三　佛法的救济）》。

为公的，为现代化军政、经济、文化建设树立根基，从而使中国步入现代强国，实现自救。

法师认为应以中国文化及佛法道德文化补救近代西方纵我治物的文化，建设世界新文化、新道德，以自利利他慈悲方便改变剥夺他人他国成就自身自国的立人立国之道，从而从根本上改变世界人与人、国与国之间的纷争、危机，实现世界永久和平安乐，实现人间净土。

法师试图以佛法救国救世，二者又是一体不二关系。依佛法万法因缘互伴而生，人与人、家与家、国与国乃至世间众生都是利害同均的，人间佛教人间净土理想具有普世性，世间众生的救济是息息相通的，绝无天下不平安，而己国独得其宁之理。他以佛教救国以最终实现世界大同为目标，"以建民国、以建大同"，而国家危难也是世界危机的结果，太虚法师认为依佛法救世才能从根本上救国。

> 近代中国的灾患，乃从整个的外患而来。这种外患，把全国打得落花流水，并非偶然的事，实为近代列强的立国精神，对于善弱的国族所必至的趋势。所以、要想解除其困难很不容易，因为四方八面外来的侵略，除非中国也变成近代国家，方能外抗而内安。①
>
> 然中国不应在近代立国做人之道所产生的危迫中讨生活，以造成一现代的国家争得一较优的地位为目

①《太虚大师全集》第十三编《真现实论宗用论·道德·如何建立国民的道德标准》。

> 的，而应致力于改革近代欧、美的立国做人之道。如能将近代的立国做人之道完全改变，则由近代立国做人之道所生起之困厄，皆可解除，国民革命、社会革命皆失其对象，亦自然无所需要；而中国民族在各国民之和乐中，亦当然同得其幸福之安享。由近代所发明之科学，所造成之机器等，亦皆可为世界人类有益无损之应用。中国有为民的中国文化与为众生的佛教，故我们应担负这种由救世界而救中国的大责任来，以造成中国与世界的和平安乐。①

太虚法师认为，中国不仅要以佛法重塑人心，重建国民道德，富国强兵，建设现代国家，还要从根本上以中国文化特别是佛教文化救济世界危机建设人类永久和平安乐。

## 第二节　佛法与社会生活诸方面

太虚人间佛教以学菩萨成佛，建设人间净土为人类乃至众生最高伦理追求，关照并塑造世俗的伦理生活、伦理建构。一方面家庭、经济、政治等世俗生活以信仰为基础，以信仰来塑造；另一方面理性、世俗生活修正甚至决定佛教信仰。

① 太虚大师全集第十三编《真现实论宗用论·文化·发扬中国文化与佛教以救国救世界》。

## 一、佛法对家庭生活的关照

### （一）佛化家庭

> 尤其是造成佛化家庭的因素，是在学佛的妇女。佛化家庭，在佛教中向未注重；故佛教在世界上虽曾盛行一时于各国，而有不久灭迹销声者。[①]

太虚通过对印度历史考察，发现佛教发源古印度，在古印度也曾经有过辉煌灿烂的时期，但最终衰落了，甚至消失殆尽。而婆罗门教、耆那教等虽也曾遭遇挫折，甚至遭遇毁灭性的征伐，但却顽强地流传下来。究其原因，是因为婆罗门教和耆那教，是建筑在家庭宗教的基础上，把家庭宗族宗教化，子孙传承，在一般社会中根深蒂固，不容易为征灭，能够长久流行。而佛教在印度灭迹，就因没有同婆罗门教和耆那教一样地把基础建筑在家庭上。吸取佛教过去流传上失败的教训，法师提出佛化家庭的主张。他认为佛法不是脱离世间的，学佛信佛不一定要出家，在家众对于佛法深入社会人心更重要。他认为在家学佛的信众，应把家庭整个佛教化，与佛教发生亲密的关系。

太虚法师认为，家庭佛教化要以在家信众尤其优婆夷即在家学佛的妇女为基础。学佛不一定出家，人间佛教发挥净化人生改造社会的目的，在家学佛尤其重要。妇女往往是家庭生活的核心，以家庭生活为重，而佛教在家信众也以妇女为主流。法师依据佛经，明确提出妇女只要发心修佛，同男子无异，同样也可成就无上菩提，而且妇女学佛以在家为最佳。太虚法师认为，在家学佛

---

① 《太虚大师全集》第十编《学行·信众学行·优婆夷教育与佛化家庭》。

女子对于一切应学的知识与应做的事业，都应该学习。要接受基本的国民教育，学习佛法基本教理、修行。学习做事的知识与能力，首先要注重能处理家事的家庭教育，做一个合格的优婆夷，在此基础上使他们家庭佛教化。

太虚法师认为，佛化家庭也是将佛法深入社会人心、改造世间、佛化社会、佛化世界的基础。国、家、社会，虽有广狭深浅的不同，但本质上都是人与人交互作用所形成的外缘、人人言行互聚的影子，人是其形、其根本。家国天下的改良根本只在人人各改造自身。这是对于儒家传统修身齐家治国平天下路径的认同，即反求自己，把自己提高，从克己工夫做起，辗转熏陶，家齐国治天下平。他又将儒家亲亲仁爱的道德甚至遵法守则的国民道德都包含在个人修身的内容中，以佛法修养作为个人修身最究竟、最完满的本原。他所追求的境界也根本不同于儒家，从根本上是家庭、社会、世界的佛化，达成不分你我平等和合的世界。

> 故曰："知止而后能定，定而后能静，静而后能安，安而后能虑，虑而后能得"。能定、能静意之诚，能安、能虑心之正，总之则谓身修。能得者，家得其齐、国得其治、天下得其平也，故修诸其身无不得者。[1]

（二）时代变迁下的家庭观

太虚认为欧美各国完成了由农业的乡民社会向工商业发达的市民社会转型，家庭结构、家庭观念也随之发生改变，出现了新

---

① 《太虚大师全集》第十三编《真现实论宗用论·健康·家齐国治天下平之大本原》。

的特点，也产生了一些新流弊。这是世界发展的大势所趋，中国也同样要在这一潮流的推动下完成这一转型。他分析了欧美现代市民社会家庭观状况、发展趋势，认为中国应在此基础上，顺应潮流，趋利避害建构合理现代家庭观。

在传统农业基础上的乡民社会，人们以血缘为纽带聚族而居，家庭族群是社会生活生产的基本单位，社会生产自给自足。现代以工商业为基础的市民社会，实现了生产的社会化、市场化，人们独立、自由、平等的参与到社会生产中，在现代工厂公司中从事各种职业，自食其力自我负责。现代社会是由独立个体以相应制度、规则所连成的有机网络，传统社会家庭族群日渐解体，被小家庭核心家庭所取代。现代市民社会人们从对家庭族群的依附中解脱出来，获得更大自由，但另一方面人们家庭观念弱化，甚至抛弃家庭，遗弃孩子。为对治此弊，未来应提倡适中家庭，使人们能享有人伦之爱，也能更有利于社会稳定与发展。

> 故鉴于其弊者，又提倡适中之家庭，使有夫妻、父母、子女、兄弟之相爱，以成为有恒产而有恒心者，由之以改造为自给自足之社会。此为最近对于家庭观念之趋向。①

伴随社会转型、家庭结构的变化，人们特别是女性在社会、家庭当中的地位、角色、责任也随之改变。在传统乡民社会，女子只属于家庭，只有在家庭中的淑女、良妻、贤母地位，在社会与国家则无地位。现代市民社会，女子从家庭中解放出来，享有

---

①《太虚大师全集》第十三编《真现实论宗用论·社会·怎样做现代女子》。

与男子平等的地位，参与社会生产、社会生活，参政议政等。伴随着女性社会地位的提高，女性参与社会生活的深化发展，女性自由解放运动又会走向另一极端，甚至出现了女性放弃家族责任的迹象。太虚法师认为："若由现在而观将来，女子于世界上首应尊重者，厥为完全人格，同时、于个人相对上应有构成家族之资格。"[①] 在家时，对于父母仍应为淑女；出嫁时，对于丈夫仍应为良妻；年长时，对于子女仍应为贤母，而对于社会与国家也应担当其一分子的事业。在此基础上更扩而充之，有对于世界人类乃至万有相生相养的关系。将以上的地位统括起来，集成为一个全人，以建立完全的人格。现代女性要承担各种角色，完成各种责任，养成完全人格，就要求学自觉觉人的知识，求学做事的技能，对于家庭以至于国民及世界人类，都能顾全其公益。

这又是和他以在家信众尤其是女性为基础，佛法修身、佛化家庭、佛化社会、佛化世界的思路相一致的。

太虚法师提出佛法家庭化，将佛法与家庭生活融合，建立佛法与全民不可分离的关系，将佛法深入社会人心。太虚法师认为，在家信徒不仅自己正信佛法，合理生活，承担自己在家庭中的责任，做好自己在家庭中各个角色，言传身教，使自己的家庭成员也能皈依佛法、合理生活，使自己家庭和睦、清净、良善，并以此影响更多的人与家庭，净化国家、世界。他试图以家庭为基本单位，实现佛法对于社会道德提升，实现佛法服务社会，建设佛法与社会伦理生活不可分割的关系。同时他思考了社会现代化转

---

①《太虚大师全集》第十三编《真现实论宗用论·社会·怎样做现代女子》。

型下，家庭在现代社会生活中的定位，家庭结构调整与合理化，特别是现代女子如何处理好家庭与社会中角色责任。太虚法师有关佛法与家庭的思考，又是以佛教的立场，在传统齐家治国平天下的范式下进行的。家庭是国家社会的基石，尤其有着家国同构、齐家治国平天下伦理政治传统的中国，家庭伦理生活更是社会伦理建构甚至政治建构的根基。这一特质仍是我们社会现代转型的底色、基因，根深蒂固地存在着，有着实实在在的影响力。如何实现传统家国同构的现代转化，家庭结构、家庭生活的合理化、现代化，是实现中国社会现代转型的重点之一。太虚法师认为佛教对于信众家庭生活的合理引领、塑造也是佛教服务社会、参与社会伦理建构的重要领域，是佛教现代化转型的重要一极。

**二、佛法对经济生活的关照**

依佛法契理契机的基本原则，太虚广泛而系统地探讨佛法与经济关系，提出应如理如法、契合时代地建设佛教经济生活。他将农禅合一的传统转化为现代人工与佛学合一，确立了适应现代社会建设佛教经济的佛理依据。他提出适应时代和社会发展，佛教应建设现代化佛教事业，自立并服务社会，利益他人，利他修行。太虚法师认为学佛者既要担当世俗的角色，尽职尽责，利益大众，又要勤修志业，不断净化自己身心，增进德行终致解脱。这样既可以解决寺院本身的经济来源及其生存问题，又可以有经济力量来服务社会，福利群生，使佛教发展得到可靠的保障。法师依据佛理，适应社会，有力地批判了守旧佛徒脱离俗世义务职责而学佛的弊病，确立了僧人参加经济活动，建设现代佛教寺院经济的必然性、合理性及其规范。

据此法师还批判世人诟病佛教徒是分利而不生利的寄生虫、佛教信仰有害于人类，是极端的误会。太虚法师认为，出家僧众，求得佛理，教化世人，使世人增高道德心，不做害人事，弘法利生，不但不分利，而且间接直接利益人群。

（一）佛教信仰与世俗职责

法师从职业与志业既相区别又内在关联的辩证关系入手，分析佛教信仰与俗世职责的合理关系，指出二者是可以相融的，不是隔绝的。学佛者既要担当世俗的角色，尽职尽责，利益大众，又要勤修志业，不断净化自己身心，增进德行终致解脱。在家学佛者应本着菩萨的追求尽自己的俗世职责，行世间一切资生利人事；僧人更应以弘法利生为职责，树立职志一致的人格，不应赖佛而生或离世修行。因此保守、守旧的佛徒脱离俗世义务职责而学佛，及世人对佛法是厌世分利的攻击都是背离佛法真意的。

太虚法师认为，职业，资养生命的经济活动；志业，生存基础上更高的精神追求，前者往往是有关肉体的、被动的、艰苦的，后者是有关精神的、主动的、快乐的。志业由高到低可分为五种：最高宗教；次高学理，如哲学、科学等；其次艺术，如文学、音乐等；再其次游戏，如游览、骑射等；最后俗染，如嫖、赌等。太虚法师认为其中宗教、学理，是善性，可在资养生命、生有余力的基础上提升人的德行、智慧，达到胜妙的圣果。艺术、游戏是可善可恶无记性。习俗欲染是不善性，将生命余力浪费于损害自他，必然招致困苦恶果。志业有善恶无记的高低不同，以是否提升人自利利他的德行、智慧，获得良善果报为根本标准。

太虚法师认为，职业可分为两种：农、工、商业等直接为维持身命所需要者；政治、法律、寺庙等间接为维持身命所需要者。职业善恶不定，以是否背私利公为根本标准。背私利公为善，以最大多数最大幸福为至善；背公利私为恶；公私不分者为无记。无论是从事农、工、商业，还是政治、教育，如能一心为利益众群则为善，如侵公益私则为恶。

人们志趣不能仅仅局限于所从事的职业，必须有高尚志业作为精神寄托，才能避免人们因职业枯槁无趣，陷于嫖、赌等俗染，以致损公益私而堕落。职志二业又有相合一致的情况，如从事政治的以身殉国，僧人、牧师等以宗教为志业，弘法利生又以此资养生命。一般从事高尚志业的专职人员，应以能做到职志一致为至善，否则就会出现如佛教中僧人职志分离、高者隐修、低者赖佛生活的后果。而从事教育、政治等间接职业的人员，职志一致固然重要，但最好能以寄托其精神于高尚志业，如儒家所倡的内圣而外王，因此志业比职业更根本。职业与志业二者虽内容不同，却缺一不可。人格的高低，都由志业来分判，而职业也往往能间接影响人格。职业是人维持生存的根基，但又要以高尚志业来引领，使人人都能从事正当的职业并不断提高自己的德行智慧、精神境界。

太虚法师认为学佛者也有应知应行的事，也有志业与职业。二者同样也是相互融通、缺一不可的。学佛者的志业，即发愿信行佛法，净化身心，提高德性，解脱成佛。应将三皈、五戒、十善、六度、四摄作为行为的标准，而丝毫不能以佛法为谋一家一身生计的工具。学佛者的职业，即根据自身在家、国、社会、世界中所处地位，承担的角色，依据自己的才力，从事相应的工作、劳动，来资养一身一家的生活。这是因为人生世间，要靠家亲国民的互助，才能生养存活，所以要给以相应回报，否则，自身是他人社会的拖累，更谈不上利益他人社会。

> 故学佛之道，即是完成人格之道：第一，须尽职业以报他人——父母、师友以及社会——资吾生命之恩。第二，乃勤志业，以净自心进吾佛性之德。必如是、佛乃人人可学，必如是、人乃真真学佛。[①]

佛法与从事人生社会赖以生存的事业不相违背，学佛应自利利他，出家者应“宏法为家务，利生是事业”，在家人应“仕农工商，各操一赡身养家利国益群之业”。[②]

出家僧众即佛教的中坚分子，以佛教为业，应养成职志一致的人格，发挥佛教的优胜处，以尽弘法利人的责任。“僧”对“俗”而言，俗即俗染。放纵财利、男女、名权、饮食、睡眠欲望，更会进一步导致嫖、赌、烟、酒、奢侈等恶习。“故僧伽之志业，必先绝男女之欲以拔除俗染焉。”[③]因此僧伽首先要以无漏僧律为根本，完全摈除俗染。即使衣食等身命所必需的一切，也不能稍存爱欲，更要根绝淫欲。

---

①《太虚大师全集》第十编《学行・通论・学佛者应知应行之事》。
② 同上。
③《太虚大师全集》第十三编《真现实宗用论・社会・由职志的种种国际组织造成人世和乐国（六　结论－甲　当修养成职志一致之人格也）》。

> 僧者唯其能以无漏之业为志业，故名僧宝，僧宝然后乃能胜弘法之任，尽利人之职耳。因能宏法利人，则资持身命者即在其中，亦更无待他求矣。[①]

（二）适应现代社会建设佛教经济

其一，法师契应时代和社会发展，将传统的农禅合一转化为现代人工与佛学合一，确立了适应现代社会建设佛教经济的佛理依据。

佛陀适应天竺世情，应机设教，成就托钵乞食的比丘僧制。传到中国，百丈禅师顺应中国的具体情势，创立了农禅合一的新僧制。他舍离律寺，创设丛林，行一日不作、一日不食之教，率徒众开荒务农。百丈教法简易方便，将修行与生活，禅与农合一，自修自证。中国佛教发展到当时，丛林虽还存有遗制，但已经衰微至极。僧众“或拥田财，坐享现成；或贩佛法，用糊身口；又不能明理行道，资慧命，扬佛化，遂致进退交病，为世诟之所丛集”[②]！太虚法师认为不恢复百丈禅师所创僧制的精神，僧人则无法恢复为世间僧宝。

农业是经济活动中的一种，禅是佛法修行的一种，法师继承百丈农禅合一的传统，并适应现代社会，将其进一步发展为人工与佛学的合一。以人工来资养色身，贵在简朴，修行佛法增进法身，贵在真至。人工，即满足自身生存所需、自生自养所从事的社会经济活动。所需要的是衣食住医等生活所必需的活动，如开

①《太虚大师全集》第十三编《真现实宗用论·社会·由职志的种种国际组织造成人世和乐国（六　结论－甲　当修养成职志一致之人格也）》。
②《太虚大师全集》第十三编《真现实宗用论·社会·人工与佛学之新僧化》。

凿山井、采冶铜铁、种植竹木、造食制药等；所废除的是超出生活必需的，是无用的、奢侈的、纵欲的，如金钱、珍宝、烟酒、鱼肉等。佛学即佛法修证，消极方面为严守五戒十善等佛教戒律，不做恶行；积极方面调炼身息，讲求经义，修习禅定，参究心性，施行慈济，宣扬佛法等。

与之相应，寺院应设有法堂、斋堂、厨房、长连卧床、浴室、病僧院、老僧院、工场、农场、衣食药物库、器具什物库、经像图书馆、编译刊印馆等，而取缔传统的设像的宫殿、寮舍，不得容留妇女过宿。僧众每天按照规定时间作息，从事人工与参禅、讲法等佛学活动。凡男子能依照人工与佛学之规定作务修行者，由大众同心许令同住，否则，由大众同心斥令离去。

法师适应现代世俗理性文化时潮，突显佛法研学修行、弘法利生的一面，倡导人工与佛学的合一，去除世人以佛法为迷信的、厌世的误解，促进佛教农禅传统的现代转化，但是取缔宫殿、佛像等筹划，也有弱化佛教宗教信仰功能的危险。

其二，从契合现代社会发展的角度倡导建设现代佛教经济。

法师认为当前挽救经济危机、建设国民经济、调整财政收支等经济政策固然重要，但最根本的是迅速动员国内所有的生产力量，从事增产工作。在全面的国民经济政策建设下，佛教寺僧的经济建设，也尤为迫切。太虚法师认为今后的中国，是每个人都应自食其力、自力更生的社会，坐享其成会为世人所耻，为社会所不容。佛教僧众最好能直接参加生产工作，或间接促进生产，以期与国民经济通力合作。太虚法师认为寺僧应在佛教会领导下，积极开办僧教育及办医院学校等社会公益慈善事业，同时联合开发经济的源流，使兴办的事业能长远地运行发展。如山乡寺僧可以在原有山林田地的基础上，在县区联合开办农场、林场或农林场。城市寺僧可根据实际情况，适当开办工厂、图书馆、商店等。佛教经忏事业，应由佛教会订立法规，遵照执行，以增加经济收入，同时又服务民众，改善风俗。

> 全国寺僧，如能依此各随分宜做去，不仅佛教经济现象景气起来，且于中国整个国民经济亦不无好影响。①

此外，这一思想也反映在他寺院管理与僧制建设的构想当中。在建僧大纲中，法师提出选取高尚僧格僧众，建设学僧、职僧、德僧三级制：学僧制，也叫比丘僧制，分上士、学士、博士、大士四个学级，修学 12 年，为具足学僧之资格。职僧制，也叫菩萨僧制，就是修菩萨行之僧，包括在布教所、病院等慈善公益机构、教务机关、律仪院、教理院及文化事业等教职员、专修杂修林办事员等。德僧制，也叫长老僧制，即在山林，合许多茅棚为一处，成一专修林或杂修林。职僧分上中下三级，又各分三级成为九品，其级别又和学级挂钩，如上级职僧，限于得学士位 20 年以上者。由学僧到德僧，必须经过四学级或三职级才到德僧位，但有博士、大士学级，可以不经下中级职僧而到德僧位。② 现代僧制构建渗透太虚法师僧众职志一致、人工与佛学不二的精神。

---

①《太虚大师全集》第十编《学行 · 僧众学行 · 佛教寺僧的经济建设》。
② 参见《太虚大师全集》第九编《制仪 · 僧制 · 建僧大纲（五　今议创设之现代僧制）》。

（三）学佛与经商之道

法师认为学佛与经商这一现代核心经济活动在所求所行上虽内容不同但本质相合，二者可相互促进相互融通。

太虚法师认为，经商与学佛的心理都在求得发财，但内容与用途不同，后者更根本，可包容前者。经商者仅图金银财宝等——肉体的一部分有限之财，而学佛在求得功德法财肉体及非肉体的无限之财（禅定、神通、福德、智慧等）。商人求财为的是创造财富，提高、改善人的生活，但有的是为自已，有的是为家庭，有的是服务社会公益，有的是服务世界公益等；学佛者求功德法财也是为了改善人的生活，但是不同于经商，学佛是从根本上完善人生，学佛者追求也是有所不同，小乘用以自我解脱，大乘用以自度度人，使个已与众生都能出离苦海，成就圣果，完满人生。

太虚法师认为，经商与学佛的操作方法都是自利利他、方便行事。经商者，是在通有无、利人生；学佛者，也是依佛法修得福德智慧以自利，并在此基础上度化他人、利益他人。经商者依资本的多少有无，从事相应的商业活动，发达商业；而学佛者根据自身根器高低，修行佛法，成就佛果。经商者如要成功、发达，就必须有经商知识经验与高尚道德，而且还要能准确把握社会与市场的情势，随机应变；同样，学佛者以自利利他为目标，尤其要顺应世情，契应不同根机的众生，方便施教，化导众生。由此，法师提出经商与学佛的操作方法本质相同。

经商与学佛所求所行相通相合的论述难免有牵强之处，但他将佛法追求慈悲方便自利利他具体化为利益自他俗世行为，而现实经济活动也整合到佛法自利利他的过程中并对之矫正升华。

> 经商者如能学佛，则可求得安心定志之本，可得到精神上之安慰，事业上的补助。吾人经营商业，不能专恃自己之知识能力而即可得到很大之利益，还须恃有一种道德之标准。果能先受三皈依，以为信仰佛学之始基，继修五戒、十善以为道德之标准，如是、则能作一很有道德信用之商人；由此推广，亦即所以造成很有道德信用之商人社会，岂不甚善！①

太虚法师认为，学佛可以引领商业活动，为其提供道德标准，让人们合理地追求财富、支配财富，并在追求物质财富基础上追求更高精神财富。经商者积极探讨佛教真理，信行佛理，发达商业，积累财富，将财富用于弘扬佛法、乐行佛法公益事业，那么经商与学佛就可以相通，可以直趋无上菩提。

## 三、佛法对环境问题的关照

### （一）人类所依器世界地球的净化以人心净化为本

> 以佛曰：“净佛国土，当于众生心行中求，众生心净则国土净”；故首言心的净化。②

依世俗而言，人所生活的天地、宇宙即为世间；依佛法而言，世间是迁变无常、虚伪无实的，世间又分为有情世间与器世间。有情世间，就是三界、五趣有情意虑知的众生。但三界五趣有情众生也各不相同，如无色界没有正报的肉体色身与所依报的器世

①《太虚大师全集》第十八编《讲演·经商与学佛（三　经商与学佛之关系）》。
②《太虚大师全集》第十四编《佛法救世主义·上编·心的净化》。

间——山河大地，众生所依靠生存的环境，唯有情识的生命；欲、色二界既有正报之身——肉体色身，又有生存所依赖的依报——器世间。如人有肉体色身为正报，有生存所依的地球——器世间为依报。器世间是众生所依靠生存的环境、有情生命所依赖的依报，地球即为人类生存所依赖的依报，器世间。

其中，有情世间，即阿赖耶与有根身互依而成。阿赖耶识变现有根身（眼耳鼻舌身五根汇聚的肉身）、器界（众生生存所依外在环境），五识依有根身了别器界为境，阿赖耶识又执持有根身为自我本体。器世间，即阿赖耶识中共相种所变现，因众生共业而成，是一类生命共同造作行业的结果。从佛教来说，业报有善、恶差别，三界五趣有情的生死流转及器世间成坏，都决定于有情众生善恶诸业，决定于有情众生的心识转依，不是由神创造的，也不是凭空产生的。有情世间及器世间净化救济，应该从净化心识、转化有情的业力为根本。

太虚法师认为当时受适者生存优胜劣汰进化论影响，人们以控制他人他物，满足自身或自己种类的欲望，导致各种人群、族群、家国之间的争斗、混乱。人世间的危机、困苦都源于贪瞋痴三毒心增长滋盛。太虚法师认为，人类及所依存地球的净化，同样也是从净化人类心识、转化人类的业力为根本。在他看来，对人世根本设救，应使人类信解佛理，依此修证：或教以苦集灭道四谛法，依此修行，即可证得圣果；或教以五戒、十善等人乘法，而趋向人的真正安乐境，同时以财施、无畏施等临时救济法加以辅助。

### （二）合理改造净化人类所依器世界地球

> 识及根、身、种子，皆为有情世间，而本质现象之尘境为器世间。器的净化，随有情而净化，‘有情心净则国土净’。此编所言，含摄近世科学厚生利用之术。或讥为非佛法所应有者，不知佛法特以心为首，以器为从，非舍器而徒言心也。佛法之唯心唯识论，言凡百皆不离心识，以心为主动而转变，非孤调的心也。①

太虚法师认为，世间包摄有情世间与器世间，有情世间与器世间的净化以有情心识净化为本，同时二者又是相摄相入、不可分离的。器世间的净化本就是佛法救世的重要一环，大乘佛法本就含摄世间一切厚生利用之道。在他看来，人世间救治就是以救治人心兼有人类所生存的地球、器世间的改造、净化。

> 佛子！此菩萨摩诃萨为利益众生故，世间技艺靡不该习。所谓文字、算数、图画、印玺，地、水、火、风种种诸论，咸所通达；又善方药，疗治诸病：颠狂、干消、鬼魅、蛊毒、悉能除断；文笔、赞咏、歌舞、伎乐、戏笑、谈说、悉善其事；国城、村邑、宫宅、园苑、泉流、陂池、草树、花药、凡所布列，咸得其宜；金、银、摩尼、珍珠、琉璃、螺贝、璧玉、珊瑚等藏，悉知其处，出以示人；日、月、星宿、鸟鸣、地震、夜梦吉凶、身相休咎、咸善观察，一无错谬；持戒、入禅、神通、

---

①《太虚大师全集》第十四编《佛法救世主义·中编·器的净化》。

> 无量、四无色等，及余一切世间之事，但于众生不为损恼，为利益故咸悉开示，渐令安住无上佛法。①

太虚法师认为，人类对器世间（生存所依环境）的改造净化，首先就是自然学，即对自然的研究利用，以化学、生物学、物理学、植物学、天文学、农学、工程学、医学等为主干，而有关衣食住行等都以此为基础。

在他看来，在合理的实践活动中满足人的物质与精神的合理需求以达成人世地球净化是佛教净土的基础、内容，法师以此确立人类实践合理性并加以矫正。人类对自然改造、利用均应以慈悲利他、自利利他为主旨，不能害生利人、害他利己。应戒除贪欲以满足人的衣食住行所必需，同时要进一步实现健康长寿娱乐身心。

> 人所求于世者，不外衣、食、住、行、康、乐而已。使人类托身之器界，有以遂其所求，则人世之有情安矣。实现于全地球者虽尚无详细规划，而须实现于中国者，则孙先生建国方略之物质建设计划近之矣。②

太虚法师认为，人类所依器世界地球的净化以人心识的净化为本，同时二者又是相摄相入、不可分离的。人类如理如法地认识与改造自然，实现地球的良善、美好又是佛教救世、人间净化的应有之意。但是人类所居地球良善美好只是器世界净化的初步，不是究竟完成，还要依此为基础不断增上，直至无漏净土。

①《太虚大师全集》第十四编《佛法救世主义·中编·器的净化》。
②《太虚大师全集》第十四编《支论·佛法救世主义·中编·器的净化（人世第一）》。

> 对于与人同一器界之动物，于人世中亦期能安其生；今以器之净化为旨，其劣于人世之地狱界及鬼界，虽不必言，而胜于人世之天界，可为净化中进步之进程，则不能不略言之也。初一人世，是就吾人现所知者以言：第二天界，虽依圣教以言，但所言者犹在五趣流转之域，是有漏之凡界，非无漏之圣居；今此进言圣居，则皆证无漏果之圣者所居也，虽有自依摄他之别，其为无漏则同。[①]

当时生态环境问题还是隐而未现的，但是太虚已经预见到西方文明纵欲对自然的隐患。他从佛法立场思考人与自然关系，对于人类改造环境的生存实践既肯定又规范。太虚依缘生识现的佛法根本意看待众生、地球及宇宙圆融互具、缘生互伴，同时又以心识转依、业力回报为根本，提出人与环境既是平等的、一体的、不可分的，又是以具有心识的人为主导的。他将转染成净的报土归因于自我心灵的净化，认为转染成净的根本主动权在人。太虚法师认为，人与众生之关系，虽众生平等，但人有特殊性，人的道德责任更为主动。他以地球净化、美好为佛法救世、实现人间净土的应有之意。依此他确立人类保护、净化环境的道德正当性，并确立人类改造环境的实践活动的合理规范。

20 世纪以来，随着人类经济与社会的飞速发展，资源紧张、大气污染、水污染等环境问题日益加剧，人类与自然环境的关系

①《太虚大师全集》第十四编《支论 · 佛法救世主义 · 中编 · 器的净化（人世第一）》。

日益紧张，人类不仅要用技术手段解决实际环境问题，更要从伦理角度思考人对于环境的道德责任、人与环境的正当关系，合理规范人类对自然环境的一切行为，环境伦理应运而生。人与自然的伦理关系——自然对人类的价值与意义，人类对自然的权利与义务及其背后的人与人之间的伦理关系，人对待地球上动物、植物等行为的道德态度和行为规范是环境伦理的核心问题。太虚人间佛教虽没有明确的环境伦理，但是他从佛学立场对于心世界与器世界的净化、世间厚生利用之道的思考与应对，关涉了环境伦理的核心问题。太虚开启了佛教从伦理角度关注人与环境关系的道路，确立了佛教环境伦理的基本方向，但是他有关环境伦理的思想还处于萌芽状态，还停留在理论层次，还未与具体的环境问题结合，也不具有实践意义。

# 第五章　太虚人间佛教思想的当代发展

经过近一个世纪的探讨、实践和弘扬，由太虚所开创的人间佛教已经逐渐为海峡两岸佛教界所普遍认同，成为中国当代佛教主流。尤其在赵朴初居士带领下，人间佛教思想从 20 世纪 80 年代以来得以大力提倡和推行。

太虚人间佛教思想博大精深、包罗万象，当代人间佛教思想与实践都能从中找到源头，都从某一角度、某一方面将太虚的理念变成现实，一定程度也修证他思想的不切实际处。太虚人间佛教思想还停留在理论层面，践行经验十分有限，而且还有较多空想与臆说，当代各教团把人间佛教由理论变成现实，丰富的践行经验又进一步矫正、深化了人间佛教理论，为它注入蓬勃的生机。本章系统梳理后继者对太虚人间佛教的继承、发展与矫正，并进一步探讨太虚所开创的佛教伦理现代建构理路得失及当代意义。

弘扬人间佛教的各教团，继承太虚肯定现实人生、积极进取的伦理精神，积极推动佛法学术化、生活化、现代化，发挥心力转化力量，力行利益大众服务社会的菩萨行，适应社会，服务社会，展现出蓬勃朝气。同太虚一样，现代人间佛教各教团将人间净土的追求通过利乐有情、服务社会的大乘菩萨行，化为要求转社会之染为净的行动。但是太虚试图以佛教建构社会道德标准、民族精神，重塑社会信仰乃至道德，救世导世；试图建设一人间佛教道场，最终要建立全国性乃至世界佛教组织以实现全球民众信仰佛法并以此改造世界。不同于太虚以佛教信仰实现人间净土的宏大救世理想，现代人间佛教教团作为一支独立社会力量参与到社会建设特别是精神文明建设中。他们立足于信仰群体，保持与政治、意识形态的距离、张力，以佛教心力转化、服务社会的菩萨行来应对具体现实问题，如心灵安顿、环保、灾难救济等。但现代人间佛教教团对于中国现代文化建构、道德建构的根本问题及佛教如何应对关涉不多。

太虚将佛教放在现代化、全球化的世界舞台上考量，以佛教为本位比较、考量、融摄东西文化、宗教信仰，从而建设新佛教，同时也以佛教努力于世界新文化及全球伦理构建。现代人间佛教各教团同样以全球化视野来定位自身的发展，重视对佛学的学术化，他们比太虚更成功地将佛教介绍、推广到西方世界，但在太虚开启的对话西方学术、会通佛学与西学的领域还有所欠缺，有待进一步深化发展。

## 第一节　赵朴初对太虚的继承与发展

赵朴初受家庭的影响，从小开始信仰佛教。在上海著名佛教居士关絅之的影响和介绍下，青年赵朴初开始投身于佛教工作，有机会接触众多佛教界著名人士，并正式于圆瑛法师座下皈依。20世纪30年代，赵朴初结识了太虚法师，并随着交往的加深，日益景仰太虚法师，信服法师人生佛教的事业。太虚法师对赵朴初也很器重，于逝世前十日，以电话招其至玉佛寺相见，以所著《人生佛教》一书见赠，勉其今后努力护法。

新中国成立后，赵朴初居士等一批佛教界有识之士继承太虚法师的遗志，在新的社会环境下，倡导应顺应时代变迁、社会巨变，革除传统佛教弊端，革新佛教。他们发起成立了全国性佛教团体和教务组织——中国佛教协会，积极宣扬佛教关照人生现世的真精神，号召佛教徒众在现世生活、在建设社会主义的事业中践行佛道，努力推动中国佛教趋向适应时代、利乐社会大众的人间化发展。

“文革”期间，佛教界经历了一场浩劫，佛教事业濒于毁灭。1978年十一届三中全会后，中国佛教人间佛教的慧炬开始重新点燃。1981年赵朴初在《佛教常识答问》中首次提出中国佛教应坚持人间佛教的主张，拉开了新时期人间佛教倡导的序幕。1983年12月，在中国佛教协会第四届理事会第二次会议上，赵朴初作了重要报告，明确提出中国佛教的发展应遵循人间佛教的基本方向，弘扬人间佛教应该成为中国佛教发展的指导思想。赵朴初的这些倡导，推进了人间佛教思想在中国大陆的普及和实践。

赵朴初居士认为“人间佛教这一思想并非后人所创立”①，而是原始佛教本来具有的内在精神，是佛陀之本怀，这种精神在大乘佛教中得到了充分的发展和体现。人间佛教是以五戒十善为学佛的起点，先把人做好，进而再向四摄、六度菩萨行提升。“人间佛教主要内容是五戒、十善。”②“它（指人间佛教思想——引者注）的基本内容包括五戒、十善、四摄、六度等自利利他的广大行愿。”③成佛必须先要做个好人，做个清白正直的人，要在做好人的基础上才能学佛成佛。人间佛教的最终目的和意义是利益国家和社会，实现人间净土。“假使人人依照五戒十善的准则行事，那么，人民就会和平康乐，社会就会安定团结，国家就会繁荣昌盛，这样就会出现一种和平安乐的世界，一种具有高度精神文明的世界。这就是人间佛教所要达到的目标。”④

他认为佛教与社会主义是能够相协调的，这种协调有两个方面的基本条件：一个方面是党和国家从政策上、法律上尊重和保护佛教徒宗教信仰自由的权利，“事实证明：在我国，只要我们坚持宗教信仰自由政策的稳定性和连续性，不发生大的政策失误，宗教同社会主义社会相适应始终是我国宗教的主流。”⑤另一方

---

①《中国佛教协会三十年》，《赵朴初文集》，华文出版社，2007年，第31页。
② 赵朴初：《佛教常识答问》，中国佛教协会印行本。
③《中国佛教协会三十年》，《赵朴初文集》，华文出版社，2007年，第31页。
④ 赵朴初：《佛教常识答问》，中国佛教协会印行本。
⑤ 赵朴初：《在全国政协九届二次会议民族宗教联组会上的发言》（1999年3月4日），中国佛教协会编：《会务通讯》，1999年第2期总第61期，第6页。

面是佛教徒爱国守法，拥护党和政府的领导，积极为社会主义物质文明和精神文明建设服务。“我们的先辈提倡‘一日不作，一日不食’。我们佛教徒在农事耕作、造林护林、造桥修路以及文教卫生、社会福利等方面都有优良传统。……把我国建设成为一个具有高度物质文明和精神文明的社会主义现代化的国家，在我们佛教徒看来，这是千生罕遇的殊胜因缘和殊胜事业，我们佛教徒要在这一殊胜事业中尽心竭力，多做功德。”①

他在会通社会主义现代化建设的基础上对“人间净土”作了新的诠释，将人间净土追求与社会主义现代化理想合一。“在我们佛教徒看来，消除剥削压迫制度及其带来的一切罪恶、趋向人类平等的社会主义及其将来的高级阶段，乃是我们向往的‘人间净土’。”② “在我们佛教徒看来，佛教‘人间净土’的思想同社会主义不矛盾，佛教徒对社会主义现代化建设事业应当具有极大的信心和责任感。佛教的教义告诉我们要‘报国土恩，报众生恩’，要以‘庄严国土，利乐有情’为己任。”③

他把人间佛教自利利他的菩萨行与个人的道德修养提升、社会精神文明建设结合起来，以此引导社会向上提升，建设社会主义现代化，实现人间净土。

> 菩萨行的人间佛教的意义在于：果真人人能够学菩萨行，行菩萨道，且不说今后成佛不成佛，应是当

①《中国佛教协会三十年》,《赵朴初文集》, 华文出版社, 2007年, 第30页。
②《中国佛教协会三十年》,《赵朴初文集》, 华文出版社, 2007年, 第28—30页。
③ 同上。

前使人们能够自觉地建立起高尚的道德品行，积极地建设起助人为乐的精神文明，也是有益于国家社会的，何况以此净化世间、建设人间净土。[①]

我们提倡人间佛教的思想，就要奉行五戒、十善以净化自己，广修四摄、六度以利益人群，就会自觉地以实现人间净土为己任，为社会主义现代化建设这一庄严国土、利乐有情的崇高事业贡献自己的光和热。[②]

实践方面，他以人间佛教为旗帜，以中国佛教协会为中心，强化佛教自身建设，推动佛教文化教育、社会公益、国际交流等事业的发展，适应社会、服务社会，推动佛教与社会互动。

他提出“佛教是文化”的有力论断并大力宣传，以消除人们认为“佛教是迷信”的误解，为佛教的生存与发展提供了合理化依据。同时他继承与发展中国佛教注重学术研究的传统，积极提倡和推动佛教学术研究和佛教文化事业的发展。在他的引领与带动下，中国佛教界创办佛教期刊、佛教研究机构、佛教文化场所、佛教网站，开展佛教学术交流、研讨的热情高涨，佛教学术研究和佛教文化事业得以快速发展、提升，也促进了佛教与社会的互动。

他认为：“佛教自身建设的好坏是决定中国佛教兴衰存亡的根本内因”[③]，“各级佛教协会和全国佛教界都必须把注意力和

---

① 赵朴初：《佛教常识答问》，中国佛教协会印行本。
②《中国佛教协会三十年》，《赵朴初文集》，华文出版社，2007 年，第 31 页。
③《中国佛教协会四十年》，《赵朴初文集》，华文出版社，2007 年，第 259—261 页。

工作重点转移到加强佛教自身建设、提高四众素质上来。”[1]而佛教自身建设、四众素质提升的根本就是信仰和道风建设。围绕这一主题，在制度保证上，采取了一揽子措施。重点规范传戒的管理制度，制定和发布《全国汉传佛教寺院传戒实施暂行办法》，进行传戒试点和规范传戒法会；重视佛教人才培养，主持创办了以中国佛学院为主的众多佛教院校；另外还在多地举办执事进修班，将长期教育与短期培训相结合。

他大力倡导中国佛教界应以佛教慈悲的精神，积极参与社会公益事业和慈善事业。在以他为首的中国佛教协会的推动下，佛教寺院积极开办助学、扶贫、养老、义诊等公益、慈善事业，服务社会人群。对于关乎全球大众福祉的社会问题，比如动物保护、环境保护、文化保护、教育公平、世界和平等，佛教界热切关注并以佛教的方式积极参与其中。公益与慈善事业逐渐成为中国佛教深入人间、服务社会大众、践行人间佛教的重要路径之一。

他继承与发展中国佛教注重国际友好交流的优良传统，大力倡导并切实推动中国佛教界与世界各地包括港澳台地区佛教界交流与合作。大陆与我国港澳台佛教界的交流、合作发展尤其迅猛，从彼此的简单交往发展到庄严祖庭、建造佛像、流通法宝、培养人才、文化学术交流、举办法务、社会救济等方面的密切合作与相互支持，这不仅促进了中国佛教事业的发展，也有利于我国的统一大业。此外，中国佛教界与世界各国佛教界友好往来的不断拓展，不仅促进佛教事业的交流与合作，增强中国佛教的世界影

---

①《中国佛教协会四十年》，《赵朴初文集》，华文出版社，2007 年，第 259—261 页。

响力，而且也为发展我国与相关国家人民的友好关系、增进互信、维护世界和平发挥了积极作用。

赵朴初坚持太虚人间佛教的基本方向、基本理路，并顺应时势对太虚人间佛教基本思想进行有针对性的重新诠释。同太虚一样，赵朴初并未淡化佛教的终极信仰和神圣性，并未忘却人间佛教的根源性和超人间性，并未放弃佛教的出世特色，寓出世于入世之中，将出世与入世有机结合起来。但是适应社会发展，他也侧重于人间佛教有关现世道德提升、做好人、服务于社会主义事业等方面，淡化神秘超世方面。

太虚以佛法传承契理契机的根本原则，开启佛教革新，力倡人间佛教。赵朴初同样遵循契理契机的原则，因势利导，将建设人间佛教与建设社会主义社会相适应，在新时期弘扬和发展人间佛教。他将佛教徒的信修佛法与公民道德提升，社会文明进步，关爱、服务大众，热爱与建设社会主义祖国充分协调圆融起来。他顺应时代的潮流，使人间佛教建设与中国社会的改革开放相适应，“使‘人间佛教’的思想与现代人类文化和文明的新趋势、新水平相结合，力求为自己国家的现代化建设和世界和平事业作出积极的贡献”[①]。

太虚将人间净土的追求与社会改造合一，并依此关照、塑造世俗的伦理生活，伦理建构。人间净土的追求也通过利乐有情、服务社会的大乘菩萨行，化为要求转社会之染为净的行动，化为

①《在全国政协九届二次会议民族宗教联组会上的发言》（1999年3月4日），中国佛教协会编，《会务通讯》，1999年第2期总第61期，第6页。

在人间重建合理道德秩序的努力。赵朴初同样将人间净土追求及人间佛教自利利他的菩萨行与个人的道德修养提升、社会精神文明建设结合起来。

赵朴初的人间佛教思想明确提出和具体实践于中国特色社会主义社会的现实环境之中，既有对太虚人间佛教思想和实践的继承，又因时制宜而有所创新和发展，内涵丰富，独具特色。在实践上，他推动佛教事业很快恢复并稳步发展。中国佛教在赵朴初的思想和精神的指引下，沿着爱国爱教、适应现实、服务人群、促进社会和世界和谐方向发展。但仍未从根本上改变人们以佛教为消极厌世的看法，太虚所要求革去的佛教积弊一定程度仍然存在，如僧众素质低下、戒律松弛、夹杂着商业化冲击下的庸俗化等。人间佛教建设任重道远，而要从根本上破解这些现实困境还要回归本源，从理论上处理好世间出世间、世俗伦理与佛教伦理等关系。

## 第二节　妙湛对太虚的继承与发展

太虚法师与南普陀寺因缘深厚。南普陀寺本为临济宗喝云派子孙寺院，1924 年，转逢法师将其改制为十方选贤丛林寺院，会泉法师被推选为首任方丈。1925 年，转逢法师、会泉法师力邀常惺法师来厦共同发起创办了闽南佛学院。1927 年在会泉法师的举荐下，太虚法师继任为南普陀寺住持兼闽院院长。1927–1933 年，太虚法师主持与领导南普陀寺与闽院期间，以此为基地，积极推行佛教革新，践行人生佛教，南普陀寺开放的胸襟与改革精神也在这一过程中不断得到强化。

太虚法师是南普陀寺今日辉煌的重要奠基人，以妙湛为代表的诸法师继承太虚遗志，将南普陀寺发展成为享誉海内外的著名佛教道场。妙湛法师（1910–1995），先在青岛湛山寺佛教学校，依倓虚学习天台教观，后又于江苏扬州高旻寺，在来果座下参禅多年，其教宗天台，行在禅宗。1956 年，到厦门南普陀寺被推选为寺院监院。“文革”期间，南普陀寺遭到毁弃，妙湛法师也被迫还俗。十一届三中全会后，在赵朴初居士的支持下，妙湛法师回到南普陀寺，在政府及海内外各界的支持下，先后恢复、翻新寺院原有殿堂、佛像、壁画等，又兴建了太虚图书馆、方丈楼、禅堂、寮房、慈善大楼等建筑，寺院恢复重建，弘法事业也有序开展起来。

南普陀寺是始建于唐朝的千年古寺，会泉、太虚等高僧大德曾在此做过寺院住持，弘一法师也曾在此讲学弘法，创办佛学养正院，培养佛教初级人才。南普陀寺也是全国重点文物保护单位，寺内珍藏着许多佛教艺术品、佛教文化遗产，比如比丘尼用鲜血所书《金刚经》、多部珍藏版大藏经等。寺院原有建筑多为民国时期建筑，复建后的南普陀寺规模远超从前，寺院建筑依山就势而建，与山水巧妙融合，浑然一体，蔚为壮观，又独具闽南风格，成为厦门旅游胜景之一。如今，南普陀寺既是庄严清静的佛教道场，也成为佛教文化与历史文化、地域文化、建筑文化融合的文化名片；既展示现代佛教文化的风采，也发挥着佛法利乐众生、服务社会的功能；人们来到这里，既可以欣赏自然风光，体验佛教历史文化，也可以接受心灵的洗涤，获得灵魂的慰藉。

南普陀寺作为著名佛教道场，也是旅游胜地，每年接待礼佛、朝拜、进香、旅游参观者多达数百万人。寺院成立“南普陀寺实业社”，热情为国内外游客服务。太虚法师认为在现代社会，佛教应该继承百丈禅师农禅合一的精神，将修佛与自给自足的社会经济活动合一，倡导寺僧应当在佛教会的领导下，根据实际情况开办现代佛教经济事业。与之相应，在寺院管理与僧制建设构想中，提出建设学僧、职僧、德僧三级制。法师力图改变人们以佛教为消极、厌世、分利的误解，力倡如理如法契合时代建设佛教经济生活的构想，具有划时代的意义，但也有不成熟、不切实际的地方。而南普陀寺实业社是佛教道场、旅游景点相结合的综合性机构，其良好的运行模式践行了太虚有关现代佛教经济的理念，成为自给自足人间佛教经济的典范。

太虚法师主持闽院法务期间，以“造成佛教住持僧宝，弘法利生”为宗旨，学制上发扬“学修一体，教研并重，佛学世学兼受”的传统，聘请名师执教，调整课程设置，加强道风、学风建设，完善管理，使闽院成为全国一流的佛教高等学府，蜚声中外，培养出一大批新型佛门龙象。1937 年抗战全面爆发，厦门沦陷，闽院被迫停办。改革开放以后，党和政府的宗教政策恢复落实，在赵朴初居士的支持下，妙湛法师于 1981 年首先复办了佛教养正院，继而在 1985 年复办闽院。为满足学僧求学的愿望，法师努力创造条件，不断扩大教学规模，先后开办男众班、女众班、研讨班等，闽院教育逐渐形成一个循序渐进的梯级教育序列，又与四众弟子佛学素养的提高紧密结合，不断向广度、深度推进。

在纪念太虚法师诞辰百年时，妙湛法师在《僧教育的新构思》中说："佛学院必须由过去单一培养教理知识的僧才，转变为培养多层次多专业知识的僧才，才能适应当前我国佛教的实际需要。"妙湛法师延续太虚法师办学精神，致力于培育适应现代社会住持佛法、弘法利生的佛教僧才。坚持丛林办学与学修并重的办学原则，院长须由方丈兼任，经费由常住负担。规定闽院学僧走学修一体化的道路，学习经论的同时，一定要坐禅，学修并进，二者都不可荒废。妙湛法师身体力行，亲做表率，严持戒律，坚持每天坐禅打坐。他还不拘一格礼请国内外有佛学造诣的法师、居士，为学僧讲经讲学。如今，后继者圣辉法师、则悟法师继承和发扬闽院办学传统，坚持"学院丛林化，学修一体化"的办学宗旨，将闽院推向一个新的高度。

以慈悲精神做慈善之事，是中国佛教的优良传统。本着慈悲精神，组织佛教力量，建设与发展现代佛教慈善事业，更是集中代表了人间佛教人成佛成的菩萨行愿。紧跟太虚法师与赵朴初居士的步伐，妙湛法师也尤为重视佛教慈善事业，1994 年 11 月 14 日，妙湛法师创建南普陀寺慈善会，这是由民政部门登记注册的大陆第一家佛教慈善机构，是厦门具有公开募捐资格的 5A 级社会组织。[①] 慈善会在法师的带领下，本着慈悲济世的宗旨，在扶

① 参《"微力量"打造"大慈善"民生答卷更有温度——厦门推动慈善事业高质量发展综述》，《厦门日报》，2023 年 9 月。

危济困、赈灾救灾、助学助教、放生护生、印经结缘等方面做了大量工作，受到社会各界好评。妙湛法师圆寂后，他的遗训“山门常衍，勿忘世上苦人多”成为慈善会凝聚的核心价值和行动的悲切愿力。经过几十年的发展，如今的慈善会管理日趋专业化，设有“慈善处”“赠送处”“流通处”“义诊院”等三处一院，在管理、募捐、捐赠模式上，形成了执行有效、良性运行的机制。并逐步加强心灵慈善、物质慈善与心灵慈善相结合，慈善内容日益向多元化发展，从传统救济型慈善为主，逐渐向环保、心灵救助、文化等领域拓展，逐渐加强与政府及社会各界的协作性发展。

厦门比邻我国港台地区，又是著名侨乡，近代以来，不少来自南普陀寺或是与其有直接、间接关系的僧人在我国港台地区及东南亚各国建寺弘法，如新加坡宏船长老就是其中的杰出代表。太虚法师住持南普陀寺期间，也曾在会泉法师支持下，到英、德、法、美等国弘法讲学，并在巴黎筹设世界佛学苑。南普陀寺佛教事业蒸蒸日上，声名远播，慕名而来参访交流的国际人士越来越多，妙湛法师延续南普陀寺注重佛教国际交流的传统，先后应邀出访过我国香港地区以及新加坡、美国、泰国，接待过英国首相撒切尔夫人等多国领导、外交使节及社会名流，还多次邀请我国港台地区以及新加坡、马来西亚等的高僧大德、佛教学者来南普陀寺和闽院参观讲学。法师所开创的南普陀寺对外交流活动，为寺院广结善缘、传播佛教文化，增强了佛教弘法利生的社会影响力，对加强中外文化交流、促进世界和平与祖国统一，作出了积极贡献。

太虚法师力图契理契机革新佛教，建设人间佛教，将佛教革新、振兴与救国救世合一，爱国爱教是人间佛教应有之理。妙湛法师曾因抗日被捕，深知没有强大的国家，就没有佛教事业的发展。因此，他始终坚持以爱国爱教为宗旨，开展弘法活动与佛教事业。他鼓励青年僧人不仅要做佛门龙象，更要发扬爱国主义传统，爱国爱教，将弘法利生与服务于社会主义两个文明建设相结合。在对外交流活动中，积极帮助政府宣传我国宗教信仰自由政策，介绍祖国改革开放后佛教发展情况等。他曾任中国佛教协会咨议委员会副主席，福建省佛教协会会长、名誉会长，厦门市佛教协会会长等职，整合佛教力量，积极参加社会活动，服务社会大众。他爱国爱教，与政府各界关系良好和谐。在政府各界支持下，他不仅恢复与光大了南普陀寺，还修复了厦门普光寺等多个道场。他不仅是闽院院长、福建佛学院院长，还为中国佛学院、武昌佛学院等多所佛学院，在经济、师资以及学员等方面给予大力支持。他推动成立福建省佛教教育委员会和福建省佛教教育基金委员会，从组织领导、资金、师资队伍、教材建设等方面狠抓落实，推进佛教教育事业，推动建设福建省佛教协会弘法大楼，成立福建省佛教协会弘法团，开展弘法活动。

## 第三节 真禅对太虚的继承与发展

太虚法师与上海尤其是玉佛寺因缘深厚。1912 年，他在上海首倡佛教革命、建设人生佛教。1918年，太虚在上海与章太炎等人创办觉社，刊刻佛学著作，讲经说法，宣扬佛学革新思想。因奉化雪窦寺在上海设有分院，1932–1946年，他在住持兜率寺期间，与上海交流更加密切。抗战胜利后，他担任中国佛教整理委员会常委，肩负整顿中国佛教的重任。他驻锡玉佛寺直指轩，计划以玉佛寺作为整顿中国佛教的试点与起点，创立“觉群社”，亲任社长，并发行《觉群周报》，宣传革新佛教的主张。[①]1947年3月17日，太虚法师不幸圆寂于玉佛寺，壮志未酬。为追随太虚法师，真禅法师以玉佛寺为基地，践行人间佛教，为中国佛教尤其上海佛教的发展做出巨大贡献。

真禅法师（1916–1995）6岁出家，先后攻读于镇江焦山定林寺佛学院、竹林寺佛学院、上海佛学院、南京华严师范学院等学府，亲近过应慈、圆瑛、智光、南亭、常惺、持松、震华等佛教大德。1951年，法师来到玉佛寺，“文革”期间坚守寺院，努力保护寺院免遭破坏。1979年，真禅法师当选为上海市佛教协会会长，并正式担任玉佛寺住持，他积极寻求各方支持，筹集资金，整修殿堂、佛像，逐步恢复弘法事业。玉佛寺建于晚清，以供奉玉佛而驰名中外，两尊玉佛既具有神圣宗教价值、珍稀文物价值，又具有高超的艺术价值。玉佛寺居于上海市中心，具有丰富历史资源、文化资源。真禅法师在整顿寺院过程中，又创新性地增加了诸多文化内涵，因此，玉佛寺成为上海市重要的人文

① 参见方立天：《大力发挥都市佛教的积极作用——写于上海玉佛寺建寺一百三十周年之际》，《中国宗教》，2012年第11期。

景观，成为来上海参观旅游者打卡的热门景点，这也扩大了玉佛寺的文化影响力。

真禅法师积极响应太虚法师、赵朴初居士“佛教是文化”的思想，在理论上阐明与丰富这一思想，在实践中大力推动佛教文化事业。1993 年起，上海佛教界在真禅法师的主持下，曾连续召开了“圆瑛法师思想研讨会”“应慈法师思想研讨会”“持松法师思想研讨会”，承继了近代上海佛教重视佛教学术研究的传统，对于上海佛教文化发展具有重要意义。法师在佛学研究方面也有很高的造诣，除经常主持讲经法会外，他先后出版了《玉佛丈室集》10 集、《上海玉佛禅寺丛书》27 种、《禅宗佛学思想论集》等各种著作，另有大量的佛学研究论文在海内外佛教刊物发表，为当代佛教文化传承作出巨大贡献。①

太虚法师认为，在现代社会培养能住持佛教、弘法利生的僧才，是革新佛教的根本。真禅法师继承和发扬太虚将佛教革新与僧众培养相融合的传统，高瞻远瞩，重视僧教育，以提升僧众素养为抓手，推动上海佛教创新发展。20 世纪 80 年代，上海佛教青黄不接，出现断层，真禅法师为培养佛教后继人才，创办上海佛学院。作为院长，他力倡“学修一体化，学僧生活丛林化”。提出了上海佛学院学生的目标是“两爱三懂”：“两爱”，即爱国爱教；“三懂”，即懂教礼教仪、懂寺院管理、懂法务活动。正是因为有这样的目标，上海现在 100 多所寺院的管理，大多数都是由上海佛学院出来的僧人担当的。

---

① 参见李向平：《真禅法师与上海佛教》，《佛教文化》，2005 年第 12 期。

“觉醒法师承前启后、继往开来，提出了‘文化建寺，教育兴寺’的方针，恢复《觉群》杂志，成立觉群学院，举办觉群文化周，建成觉群楼等，紧紧抓住文化和教育两个环节，开展佛教活动，不仅适应了时代的演进和都市佛教发展的需要，还有力地推动了玉佛禅寺的历史步伐。”①

太虚法师力图培养现代式僧伽，革新僧制寺制，建设新佛教，然而，僧教育没有取得预期效果，僧制寺制革新、新佛教的建立更无从谈起。真禅法师承前启后，以玉佛寺为基地，立足实际，坚守传统，大胆革新，积极探索寺院现代化管理模式，倡导民主管理寺院的理念，推行独特的僧人与职工共同管理模式。同时他十分重视祖制清规的学习和教育，不仅恢复了禅堂坐香、诵戒、羯磨祖制，还及时创办学戒堂，传授佛门仪轨、日常唱诵。在真禅法师的带动下，玉佛寺坚持传统与现代相结合，积极探索与实践寺院组织制度与管理方式的现代化、科学化，如今的玉佛寺已成长为具有独特都市特色的现代教团。“如在组织制度方面，建立三级管理体系：寺务委员会集体民主决策，寺务处负责督导、贯彻，法务、后勤、自养经济‘三部’，办公、财务“两室”和觉群文化中心、觉群慈爱功德会，依据智能的分工，彼此协作，具体执行。又在具体管理方式方面，积极吸取社会上一些先进操作方式，如在宗教界率先推行信息化管理和无纸化办公，加强电子档案建设，引进专业物业公司，创办素食品有限公司等。寺院

① 方立天：《大力发挥都市佛教的积极作用——写于上海玉佛寺建寺一百三十周年之际》，《中国宗教》，2012 年第 11 期。

还重视突出僧人的主导角色和主体地位，并大力加强全寺队伍的建设，提升人员的佛学、相关专业、外文以及现代管理的素质，以保证寺院现代管理的日臻规范和不断完善。”①

以慈悲心做慈善的事是中国佛教的优良传统，也是利乐众生、服务社会、践行人间佛教的重要内容。1984 年起，真禅法师就多次以个人名义或代表玉佛寺向社会有关福利机构及团体捐赠财物。1988 年，法师在上海市儿童福利院设立“真禅法师残疾儿童福利基金”，年年进行捐赠。这是玉佛寺规模性、系统性、长效性开展慈善公益事业的开始。1995 年，他将海内外信众祝贺他八十寿辰的寿仪香金 200 万元，全部捐赠给上海市慈善基金会等福利事业。法师先后受聘为上海市儿童福利院名誉院长、上海市慈善基金会副会长，还被上海普陀区人民政府评选为热情支持普教事业发展的社会活动家。② 他的法嗣觉醒法师延续真禅法师开创的慈善事业，将其推进到一个新的高度，把单一的物资捐赠，扩展为多元救助，强调“物质慈善”与“精神慈善”相结合，并向“精神慈善”倾斜。文化与慈善相结合，也是一项新尝试。并本着“精神慈善”之追求，创立慈爱功德会，推行快乐慈善，举办慈善公益周，促进快乐慈善常态化。玉佛寺还与上海市慈善基金会联合创办觉群慈善书店，设立“情系大学生”专项基金、觉群大学生创业基金等，既救助困难者，又着力使受助者树立摆脱

① 方立天：《大力发挥都市佛教的积极作用——写于上海玉佛寺建寺一百三十周年之际》，《中国宗教》，2012 年第 11 期。

② 参见觉醒:《都市寺院与人间佛教——上海玉佛寺在当代的探索与实践》，《法音》2011 年 7 期。

困境、克服困难的信心。[①]

真禅法师利用玉佛寺、上海佛教的地域优势，发扬中国佛教注重国际友好交流的优良传统，积极开展对外友好交流，展示了中国佛教的良好形象，对于增强中外文化交流、维护世界和平与祖国统一，作出了积极贡献。据不完全统计，玉佛禅寺自 1979 年起，共接待国际友人、我国港澳台同胞和海外侨胞 300 余万人次。在接待中，他坚持“在教言教”的原则，主动向国际友人宣传政府的宗教信仰自由政策、改革开放以来中国佛教发展的生动实例。同时，真禅法师还频频出访世界各国和我国港澳台地区，十多年来，他先后应邀到日本、印度、美国、法国、新加坡等 20 余国和我国港澳台地区弘法访问，多次出席世界宗教和平会议。

太虚法师从理论上探讨了现代社会佛教僧众与政治应该建立何种关系，及僧众参政议政的必要性、合理性。他提出僧人应“问政而不干政”之说，希望为僧人参政找寻一条出路。他认为僧人作为公民代表参政议政、利乐民众、服务社会，既合乎佛教弘法利生的本旨，又能维护佛教利益，有利于兴教利众、弘化佛法。在现代公民社会组织构成运行机制下，佛教应建设现代教团组织，实现自治并参与到社会政治活动中，同时又要兼顾佛教作为宗教信仰组织及其自身的特质。太虚法师的这种构想，具有划时代的意义，为僧众适应现代社会、如理如法参加社会政治活动指明了

① 参见方立天：《大力发挥都市佛教的积极作用——写于上海玉佛寺建寺一百三十周年之际》，《中国宗教》，2012 年 11 期。

方向。但这种构想还很不完善，也有过于理想化、不切实际之处。沿着太虚法师所指明的方向，真禅法师在爱国爱教的旗帜下，真正践行了适应现代社会如理如法参加社会政治活动，服务社会大众的同时弘法利生，推进佛教事业的传承。以佛教协会为平台，积极与政府相关部门沟通，寻求支持，推进佛教事业。比如，他作为上海佛教协会会长，为上海佛教事业恢复发展、协助政府落实宗教信仰自由政策，做了大量工作。也因此当选为中国人民政治协商会议全国委员会委员、上海市委员会常委等，代表佛教界，参政议政，服务社会大众，也大大改观了人们对佛教的看法，增加了佛教的影响力。同时他以佛教协会为组织平台，整合佛教界力量，推进佛教事业，参加社会活动，比如组织佛教界的学术交流活动、参加社会公益慈善活动、参加对外交流活动等。

如今上海佛教界及玉佛寺承载着真禅法师的殷切期盼，正迈着坚实的步伐，高举爱国爱教的旗帜，沿着人间佛教的道路，积极进取，奋发图强，为推动中国佛教事业健康发展、建设和谐社会，作出更加积极的贡献。

## 第四节 印顺对太虚的继承与发展

印顺曾进入由太虚主持开办的闽南佛学院、武昌佛学院、汉藏教理院读书或任教，并曾于 1934 年在浙江奉化雪窦寺、1947 年上海玉佛寺两次礼见太虚法师。他负责编著《太虚大师全书》及《太虚大师年谱》，他也自称是法师学生，深受法师影响，继承法师遗志。

> “人间佛教”是整个佛法的重心，关涉到一切圣教。这一论题的核心，就是“人，菩萨，佛”——从人而发心学菩萨行而成佛。①

印顺从理论上在太虚“去鬼化”人生佛教基础上进一步追溯佛教本怀，反思中国佛教鬼神化根源。他通过对教史教义的历史考证、文献考证，对佛教经典理性分析，以求真求实为目标，揭示佛法的核心义趣，分析、清理、反思二千多年来中印佛教发展过程中、传播过程中流变失真的现象。他认为初期大乘以中观与唯识为主流，而后期如来藏系是旁支，具有梵化神我特色，是古印度佛教流变失真，也是以如来藏系为本质的中国佛教鬼神化根源。

他推崇原初佛教及初期大乘，认为初期大乘最能与阿含部法义相衔接，是佛法本怀，认为人间佛教是合于佛教本怀的，是佛法重心。他依据古印度佛教经典，以初期大乘佛教为参照建构自己的人间佛教思想，从佛法本原为人间佛教的理论与践行建构合法性。他认为人间佛教应该建立在缘起性空的中道正见上。缘起不碍性空，性空不碍缘起，非但不相碍，而且是相依相成。佛教本来是在人间的，佛陀在世时与弟子们经常游化人间随缘弘化。人间菩萨行者应该在不离众生，不离人间正行的原则下净化自己、利益他人；以出世心做入世业，在人群中广宣佛法，摄导众生学佛，趋向善行。“导之以法，齐之以律”是佛陀时代化世的根本

① 印顺：《人间佛教要略》，《法音》1997 年第 4 期。

原则。佛陀建立僧团，以集体生活互相监督、互相慰勉、互相警策、互相教戒来完成个人的修行，令正法常住。适应时代的需要，不论出家、在家的菩萨行者，应该以健全的组织去从事利他而自利的事业。他依据《大般若经》“一切智智相应作意，大悲为上首，无所得为方便”指出人间佛教的菩萨道的三个修持心要——信愿、慈悲、智慧。信为修学佛法的第一要素，“信为道德功德母，长养一切诸善根”。认为只有当一个人有了坚固的信心，才会有强烈的愿欲与实行善法的精进。智慧，可以摄定，依定修慧。有了智慧，一切善巧方便都会逐渐成就。慈悲是利他的动力。依人乘行而学菩萨道，这三心可摄六度、四摄一切法门。启发信心、引生智慧、长养慈悲，是大乘佛教菩萨道的根本法门。“信、智、悲三法，如学习成就，就是菩萨事业的重要内容。信愿能庄严净土……由于深信佛身佛土功德，发愿积集功德而成。智慧能清净身心，悟真理时，断一切烦恼。得了正智，自然能身、口、意三业清净，举措如法。慈悲能成熟有情，即是实施救济事业……所以，由人菩萨而发心的大乘，应把握这三者为修持心要，要紧是平衡的发展。”①

我是继承太虚大师的人生佛教思想路线（非鬼化的人生佛教），而想进一步的（非天化）给以证明。②

印顺梳理两千年佛教发展史，回归佛陀本怀，将太虚“非鬼化”人生佛教进一步发展为“非天化”人间佛教。认为佛陀唯在

① 印顺：《佛在人间》，中华书局，2010 年，第 125 页。
② 印顺：《向正确的目标迈进》，《华雨集》（第四册），中华书局，2011 年。

人间成佛，教化人间。佛就是人本性的完善，是修行圆满的人，而且成佛后仍旧是一个人而不是天神，只不过是彰显出了人性之中的佛性而有了超常智慧与解脱了烦恼而已。菩萨原本是佛陀在成就佛果之前修行过程的方便界说，是成就涅槃之前的佛陀，是上求佛道下化有情的人。佛陀涅槃后人们因对佛陀的思念而有对佛菩萨的崇拜，后期印度佛教因如来藏本觉心对神我观、梵我观的圆融逐渐脱离初期佛教以人为中心的原则，逐渐变成以天神为中心的佛教。印顺认为，这种无原则的圆融方便以致佛梵一如的倾向被中国佛教当作法宝来加以继承，并进一步发展到把中国一切旧有鬼神迷信都方便圆融进来最终背离原始佛教"不共一般神教"诸佛世尊皆出人间，终不在天上成佛的本意。印顺这一思想从根本上与太虚"仰止唯佛陀，完成在人格，人成即佛成，是名真现实"[①]的思想意趣一致的。但是不同于太虚一方面认为佛就是人格的增上完成,另一方面又坚守佛菩萨不同于俗世的超越性、神秘性，坚守中国佛教的圆融传统，印顺彻底清除佛菩萨天神化色彩，确立人本的佛菩萨观，将佛菩萨的追求彻底落实在人间。

印顺与太虚思想一脉相承，他们具有共同的问题意识与价值指向，也都是以现代性批判视角去清理中国佛教传统。二者都是试图为积弱的中国佛教找一条出路，以对宗教传统自身的重新诠释与调整来适应现代性的需要，破解佛教传统与现代性之间的紧张关系。但太虚反对的是明清以来的鬼神的、迷信的佛教，而主张八宗并弘，恢复盛唐气象，主张以佛教特别是中国佛教为本

①《太虚大师全集》第十四编《支论·即人成佛的真现实论》。

位的革新；“印顺则将这种批判意识贯彻到对整个中国佛教传统的考察中，进而上溯到印度佛教思想史，因而对于台贤禅净密等主流宗派都有相当的批评，主张不为民族情感所拘蔽，涤荡一切乱紫夺朱的方便，回归青年心态的、朝气蓬勃的初期大乘佛教。相对于太虚的圆融，印顺对中国佛教传统的反省与批判更为彻底。”①

印顺对太虚人间佛教思想的继承与发展集中体现在对于佛教现代化、理性化的推进。太虚人间佛教在会通佛法与哲学等世俗文化方面不遗余力，试图以理性方式诠释佛法，厘清佛法鬼神化迷信思想。同时太虚彰显佛法慧解脱的传统，融摄理性，倡导佛法是佛陀证悟的超越性至理，是真现实论，而实际上佛法理性与现代理性又具有本质区别。“西方现代理性观与佛教理性观有着各自不同的理性传统和不同的理性基础；西方理性观源自笛卡尔开创的理性传统，它建立在‘主客’对立框架之中，将理性看作是自我的一个认识能力，并将这种能力作为一切知识的基础，从而确立了个体的自由、自主和自我立法；而佛教理性则是超越于主客体对立关系，并以缘起和无我为基础。即太虚所谓‘以事事物物都是缘起无尽的，故此种固定实在之体质是空无的。唯此无性的空理是遍于一切事物、本来如此、永久如此的真性’。”②太虚是以佛法为本位的，仍是站在佛教理性立场会通甚至超越西

①宣方:《作为方法的印顺: 问题意识、诠释效应及其它》,《当代》第215期，2005年7月1日。
②唐忠毛:《佛教本觉思想论争的现代性考查》，上海古籍出版社，2006年，第12-13页。

方现代理性，没有从根本上触及佛教理性与现代科学理性的冲突，二者始终存在这种逻辑紧张性。印顺坚守佛陀本怀、佛教基本精神的同时以文献考证、历史考证等梳理佛教教史教理，以佛法研究佛法，理性考量佛教经典的真实性，以现代诠释学方法还原经典原意，建构起佛教经典诠释的理性方法和范式，解决了如何保证佛法信仰本质下的理性化难题，真正深化发展了佛教的理性化。

太虚既有人生佛教又有人间佛教思想论述，似乎前者比后者更突显、更本位，而人生佛教与人间佛教又是二而一的关系。印顺是在太虚人生佛教基础上更倡人间佛教，但他又说实际二者并无本质区别，只是人间佛教更当机、更显了，并且融摄了人生佛教。在此之后，融合人生佛教的人间佛教成为主流声音，再没有了人生佛教的提法。这也是太虚一直被尊为人间佛教的开创者，但又说印顺是受太虚人生佛教启发，力倡人间佛教的原因所在。当然印顺从理论上进一步推动了佛教理性化、现代化，将佛教由太虚的“非鬼化”进一步“非天化”，彻底落实到人间。

## 第五节 星云对太虚的继承与发展

星云法师，江苏江都人，12 岁在南京栖霞寺出家，受过六年丛林的传统教育和清苦的修炼。1945 年星云法师考入焦山佛学院，接受正规的佛学教育，从任教老师那里受到太虚人间佛教思想的影响，后又参加太虚法师举办的中国佛教会会务人员讲习会，曾聆听太虚法师以“人间佛教”为题发表演讲，进一步坚定了他奉行人间佛教，改革佛教现状、振兴佛教的志向。

星云法师认为佛陀的一生正是人间佛教性格的体现，佛法主要是以人为对象，人间佛教就是佛教的根本精神。“我们接受佛教信仰，并不是把佛教当成一个保险公司，完全希望佛祖像神明一样给予我们保佑。我所谓的人间佛教，是希望用佛陀的开示教化，作为改善生活的依据，使我们过得更有意义，更有价值！”[①] 认为佛教的责任是以佛法改善人的思想道德，改善人世的生活，改善人的生活环境，创造人世间真实的净土，以求得众生共脱痛苦，得到美满和幸福。

时值台湾省由农业社会日益转型成为工商业现代社会，星云法师认为，推行人间佛教，要适应时代和社会发展，推进佛教现代化。“佛法现代语文化、佛教现代科技化、修行现代生活化，寺院现代学校化。”[②] 不仅要推动弘法方式、修行实践、寺院建设、组织行政及功能的现代化，而且要全面建设现代化的佛教事业。“我们希望的不光是佛教的慈善事业、文教事业而已。现代化的佛教事业，应包括工厂、农场、保险、银行、公司，所谓工农商等。佛教寺院可以鼓励信徒设立、僧徒合作，为佛教经济的发展，为佛教事业的现代化立一个楷模。”[③] 这样既可以解决寺院本身的经济来源及其生存问题，又可以有经济力量来服务社会，福利群生，使佛教发展得到可靠的保障。太虚法师开启佛教革新，倡

---

① 何绵山：《台湾佛教》，九州出版社，2010 年，第 251 页。
② 星云：《如何建设现代佛教》，转引自何绵山：《台湾佛教》，九州出版社，2010 年，第 250 页。
③ 星云：《佛教的前途在哪里》，转引自何绵山：《台湾佛教》，九州出版社，2010 年，第 251 页。

导人间佛教，其实质就是在近代中国社会转型期的佛教现代化，星云法师进一步将人间佛教发展为建设佛教现代化事业。星云所追求的现代化佛教事业就是太虚法师人工与佛学的新僧化，太虚职业与志业等相关论著中所阐述的建设佛教的现代事业思路的具体化与现实化。

星云法师继承太虚法师“佛法人间化、生活佛法化”的精神，倡导佛教与人间社会互动，即佛教要走向人间社会，造福人间社会，而人间社会也因之支持佛教事业，既有利于人间社会，也推动佛教的兴起和发展。佛教应积极创办各种文化教育、慈善事业，组织有关佛教的各种活动，推广“我为人人，人人为我”的精神，增强与社会互动的力量和影响。

星云法师继承太虚法师人间佛教伦理化发展方向，以改善人的道德、改善人世生活、建成人间净土为佛教最高追求。倡导全面建设包括慈善文教工农商等现代化佛教事业，适应社会，服务社会，建立佛教与人间良性互动关系。更重要的是以此为指导精神建成现代化的佛光山道场。

佛光山从佛法的普济众生、利己利他出发，举办医疗、育幼、护老、救济等事业和活动，以慈善事业和活动实践推广人间佛教的精神。“这些慈善事业和活动，使佛教从出世而入世，从寺院走向人间，从漠视人生而关切人生，从单纯修持而走向功德修持。大众开始对佛法有了新的认识，认识佛法不是自己解脱，而是普济众生，利己利他；佛法不是苦道，而是给人带来欢乐和希望，从而使他们接近佛教，进而信仰皈依佛教，并参与佛教的弘法和所举办的慈善活动，不惜献金出力，与佛教结成了深厚的法缘关系，彼此互动的结果，使佛光山的事业日益发展起来。”①

太虚曾设想以正信皈依、励行十善，改造自心，教化群众，改造人间环境，建设人间净土。具体实施为建设一人间佛教道场，在此基础上摄化民众，宣传佛法，教化人民，劝请全球人众，皈依佛法，建设人间净土。太虚这种设想，只停留在理论层面而且还有不可避免的理想主义、不切实际之处。星云佛光山建设继承了太虚基本理路，以建设佛光净土为根本理念，使佛光山成为现代化佛教道场。但佛光山不追求以佛教信仰摄化全球民众、救治世界、净化世界。佛光山是一支独立的社会力量，以教育、文化、慈善为纽带取得与社会的良性互动，推进发展，而发展产生更大的互动。依此实现人间佛教净化人心、造福人间的理想，也使佛光山道场成为当代佛教的著名丛林。

① 何绵山：《台湾佛教》，九州出版社，2010 年，第 258–259 页。

# 第六章　对太虚人间佛教伦理思想的评价

太虚倡导应顺应时代涤除旧佛教鬼神迷信色彩，还原佛教发达人生、净化世间的真意，建设人成而佛成的人间佛教。太虚人间佛教具有鲜明伦理特质，形成相对完整的伦理思想体系。本书前面诸章逐一分析太虚人间佛教道德形上学、道德规范、道德境界、伦理应用及内在关联，梳理太虚人间佛教伦理思想体系及后继者对它的继承、发展与矫正。本章以此为基础进一步探讨太虚人间佛教伦理思想对传统的继承与现代创新、佛教伦理现代建构的焦点、佛教道德哲学思想对当代道德建设的启示作用。

太虚人间佛教继承与彰显了佛教关注现世今生的伦理传统，又开创性地将对人生持否定态度的“消极佛教”转变为肯定人生现实价值的“积极佛教”，重新确立了佛教在现代社会的合理性，及佛教参与、关照现代社会的模式。从伦理角度来看，批判厌世送死的旧佛教，发显佛教发达人生的真相，关照现实人生的人间佛教就是对佛教本具的伦理精神的重建、佛教伦理的现代建构。在这一过程中，佛教理性化与佛教信仰关系、佛教入世与出世关系成为太虚人间佛教伦理建构的焦点所在。他立足佛教立场，彰显佛教理性思辨特质，会通现代哲学，推进佛教伦理化、理性化。但他在佛教伦理化、理性化建构过程中，去魅佛教信仰甚至否定了某些传统佛教义理、佛教信仰生活，也遭遇了困境。不同于以往佛教，太虚所追求的佛果境界是超越性与世俗性同在的，超越性根本不同于世俗性，但又是它的扩充、完成。虽然太虚坚持信仰本位，即世间出世间的中道传统，他的理论中确实也包含着内在逻辑矛盾，他的表述与行动往往也因引发歧义或隐含危险而遭受质疑。

太虚试图恢复佛教本真，顺应时代建立正信正行的人间佛教，并试图使佛教以积极建构者的身份参与到当时社会伦理道德的重建中。当时中国社会还没有形成强大而统一的意识形态、稳定统一的政治秩序，社会处于转型重建的混乱多元时期，这也给了他充分的自由空间以佛教立场去思考应对一切公共社会问题，尤其是文化道德重建的根本问题。他对这些问题的关涉及独到、智慧的思考，他独特的道德哲学对当代佛教伦理建设等也都具有重要启示意义。

## 第一节　对佛教伦理思想传统的承继与现代开创

依韦伯的学说，现代化不是别的，其精神主要是倾向于理性化、伦理化，这是世界宗教相当长的时期内表现的共同趋势。人间佛教也可以说就是在中国由传统社会向现代社会转型背景下的佛教现代化，佛教的理性化、伦理化。太虚人间佛教具有鲜明的伦理特质，是对根源于佛陀本怀的伦理精神的继承与彰显，又是适应现代社会、关怀现代社会的创造性转换。

## 一、太虚人间佛教伦理特质的佛教本源

佛陀感人生苦恼、困惑而求破解之道，最终彻悟成佛，传法立教。佛法的基本思想即苦集灭道四谛——人生苦的本质，苦的根源，如何去苦得乐，成就最终的解脱涅槃。佛教虽根本上贬低、否定现实人生为苦，以对佛法的信解行证为根基，追求超验的涅槃境界，但又旨在证悟人生实相、如实合理生活、成就完满的人生价值。佛教依善恶业报轮回解析人生本相，教导众生依中道而生活、自净其意、去恶行善，以致转染成净、转识成智。佛教从本源上来看就是关照现实人生，它在此生的日常生活中关照佛果的超越智慧与领悟，超越的领悟与止恶扬善的德行关联在一起："诸善奉行，诸恶莫作，自净其意，是诸佛教。"[①]

大乘佛教强调涅槃即与世间实相的相应，要在俗世生活中去恶行善、净化身心的修行中去除执著，证悟万法缘起性空、你中有我我中有你的真谛。强调一己的解脱与众生解脱是不可分离的，成就涅槃是一个普度众生、自利利他、自觉觉他不断增进，直至完满的过程。因此大乘佛教以普度众生的慈悲，倡导自觉觉他、自利利他菩萨行。大乘佛教解脱不舍世间与利益众生的人生态度更加彰显佛教的人文与伦理特质。

①《龙藏》第 29 册《大般涅槃经》第十四卷《梵行品第二十之一》。

佛教传入中国后，与轻鬼神而重人伦的本土文化相融会，佛教本含的人文与伦理精神获得了更广阔的发展空间。某种程度上，佛教的中国化就是佛教的心性化、伦理化，而禅宗就是其产物。禅宗倡导众生即佛，修行与生活不二，契悟佛理发明本性，人人都可成佛。禅宗以成佛为最高追求，成佛的根基——佛性具有神秘超验的本体论色彩，但又被落实为现实的人心人性，奠定了中国佛教以现实的人为对象，超越追求融摄世俗生活特别是道德生活的发展理路。宋明以来，佛教成为中国文化的有机构成部分、中国伦理建构的重要一支。

关照现实人生的伦理精神是原始佛教所本有，在佛教发展历程不同形态中或隐或现，始终作为佛教根本特质存在，在大乘初期及中国禅宗兴起的时代尤其凸显并随顺俗世进一步深化发展，即使在太虚法师所批判的厌生送死的传统佛教，关照现实人生的伦理精神也是隐含其中的。佛教被整合到世俗的生活、制度体系，是中国传统伦理建构的重要一支，发挥着辅助王道政治、道德教化、以出世方式平衡世俗生活等重要的社会功能。太虚法师所倡导的人间佛教运动，对个人而言，即以现实人生为本，强调学佛须先做好人，以佛陀本有的人乘正法为基础，向上提升，过好物质的、伦理的、精神的生活，发达人生，完善人格，由人而佛觉悟者，所谓“人成即佛成”；对社会而言，则重在实践服务人群的菩萨行，“以佛教的道理来改良社会，使人类进步，把世界改善”，建设“人间净土”[①]。太虚人间佛教运动集中体现了佛教应对时艰，自觉适应世俗社会、关怀今世今生的伦理精神。太虚人间佛教直接承继禅宗以现实的人为对象，超越追求融摄世俗生活特别是道德生活的发展理路，又溯源于大乘佛教解脱不舍世间与利益众生、原初佛教关照现实人生的伦理精神。对根源于佛陀本怀的伦理精神的继承与彰显，是倡导人成佛成人间佛教的内在源泉与动力，也是提倡佛教革新，对抗固守出世传统的保守僧众的理论根据。

### 二、太虚人间佛教伦理特质的现代性

在传统中国社会中，一方面宗教普遍存在，对于道德秩序、政治制度等社会生活的各方面都有重要的影响力；但另一方面，与西方不同，中国宗教不塑造世俗社会的伦理价值，结构性地位相对薄弱，分散性宗教是主流。宗教被整合到世俗社会制度中，不独立却有结构基础，功能实现依托于帝王体制。佛教在中国化过程中也形成了关照服务俗世人生的相应模式。中国佛教既是制度化的宗教，是自主的社会机构，拥有自己的基本概念和结构体系，但又被整合、镶嵌到世俗社会生活和制度里，社会功能的实现依托于、受制于以儒家为核心的主流意识形态及帝王体制。佛教社会功能主要集中在神道设教，为民众、社稷祈福，慰生送死及上生极乐净土等超越追求。佛教辅助教化的功能更是内化在世俗的社会生活、制度、理念当中，而佛教寺院僧众宗教生活主要

① 邓子美：《传统佛教与中国近代化》，华东师范大学出版社，1994 年，第 250 页。

集中在慰生送死、离世修行等出世方面。近代中国，西方强势入侵，在世俗化、理性化、民主化等现代潮流冲击下，佛教所服务的传统社会日渐解体，所支撑、辅助的传统文化信仰、道德秩序也随之瓦解，佛教自身也陷入衰微困境。佛教在传统社会服务、关照世俗人生的根基被切除了，佛教沦落为高者离世隐修、低者赖佛而生，被社会各方批判为可有可无的、送死的、厌世的、迷信的存在。某种程度上，对于厌世送死佛教的批判、发明佛教真相、关照现实人生的人间佛教背后隐含着佛教伦理的现代转型，即在文化信仰、道德秩序等重建过程中，佛教适应俗世、服务俗世社会人生模式的现代转换。

太虚人间佛教继承与彰显佛教立足现实人生、关照现实人生的伦理精神，又是适应现代社会、关怀现代社会、净化现代社会的创造性转换。人间佛教适应、关怀进而要求净化的主要是现代市民社会或公民社会，而不是其他社会，而在传统社会向现代社会转型的过程中，尤有其特殊的意义。[①]

法师人间佛教伦理特质具有不同于佛教传统的现代性。

**1. 将对人生持否定态度的“消极佛教”转变为肯定人生现实价值的“积极佛教”**

太虚人间佛教坚守佛教信仰基本立场，以对佛法的信解行证为基础，以实证佛果、成就净土为终极目标，但又具有不同于以往佛教的独创之处。原初佛教关注现实人生但又是贬低、否定现

① 邓子美：《传统佛教与中国近代化》，华东师范大学出版社，1994 年，第 250 页。

实人生，以如实合理生活、契悟人生实相、成就超验的佛果为宗旨。此生的价值虽是成就最终解脱的必要，但不是真正有价值、有意义的，只有出离俗世才能获得最终解脱。即使是世与出世不二、以人性说佛性、迷悟说凡圣的中国佛教也是根本上以现实人生、世间是苦的、无意义的，虽以即世求出世融摄世俗生活，但证悟万法实相、成就出世解脱仍是根本不同于世间的超验追求。太虚人间佛教根本扭转了以往佛教以人生是苦的、消极的，破解人生苦难而成就超世解脱的范式，直接肯定人生现实的意义，将佛法界定为由佛陀所证悟的，如实呈现真相，教导众生去恶从善，实现人生真正价值的真谛。佛教的本质，不是厌弃、出离现世人生，而是教导人如何在现世合理的、道德的生活中不断增上，实现人生最高理想。由做一个良善的人开始，学菩萨作佛，不断增上。太虚人间佛教主张人成即佛成，将佛教终极追求与人生完成、道德完善合一，人间净土与世间净化合一。“其将对人生持否定态度的‘消极佛教’转变为肯定人生现实价值的‘积极佛教’，佛果净土的终极追求既具有不同于世间的超越性，同时这种超越性又是人生社会不断改善、净化的完成，超越性与世俗性完全合一。其既是佛教世与出世不二、超越与世俗不二的逻辑发展的结果，内含着超越于世俗的逻辑矛盾，也离不开在社会现代转型，宗教世俗化、理性化时代背景。其肯定现实人生，将现实人生的价值与佛法信仰完全合一与西方基督教新教肯定现实人生，以之作为救赎根基的天职论有异曲同工之效。”①

① 孙永艳：《太虚大师人间佛教伦理思想现代性研究》，《求索》，2015年5月。

### 2. 倡导菩萨行适应、融入、服务现代社会

太虚人间佛教重新确立了佛教在现代社会的合理性，及佛教参与、关照现代社会的模式。认为佛教不是厌世、消极、迷信、分利的，而是完成最高人生、改良人类社会、指示做人的道理。“应依佛教真理随顺现代社会建设佛教现代事业，同时佛教也应践行适应今时今地今人的菩萨行，服务于、造福于现代社会、现代生活，使人们亲近佛教，信奉佛教，支持佛教，以此建立佛教与现代社会的良性互动。依佛法契理契机的基本原则，法师广泛而系统探讨佛法与经济、政治、文化的关系，提出应如理如法、契合时代地建设佛教经济生活、政治生活、文化生活，力推佛教革新，佛教现代化。”[①] 法师以菩萨行者自称，积极推动佛教教育、文化、慈善等事业，服务社会，弘扬佛法。他创办了《觉社丛书》——现在的《海潮音》《佛教月报》，并参与创办了《佛化新青年》《现代僧伽》等，旨在还原佛教发达人生、净化世间的真意，消除人们对佛教误解，揭露佛教积弊。他重视僧伽教育，创办武汉佛学院、重庆汉藏教理院等，确立了勤学明理、舍己利他、真修实证的僧教育理念，培养了大批有理想、有修持、有建树的僧才。在抗战时期，法师号召全国佛教徒修学菩萨行，投身抗战救亡，引领各地僧众成立救护队救死扶伤，其中以重庆慈云寺僧侣救护队最为典型。

---

① 孙永艳：《太虚大师人间佛教伦理思想现代性研究》，《求索》，2015 年 5 月。

**3. 对完美人格及人间净土的阐发，突出地体现了现代社会伦理诉求**

太虚立足于现代社会构建需要，确立俭勤诚公为现代国民基本道德素养，并具体界说。从文化道德特别是传统文化道德角度，确立俭勤诚公的道德本体地位与终极追求，确立理论合理性。作为佛学大师，他最根本的还是以佛法作为俭勤诚公的合理性与终极追求，将俭勤诚公与佛教修行美德融合，并将其作为僧众基本道德素养，提出只有以佛教信仰、建构俭勤诚公，乃至究竟去私为公的僧格人格，才能从根本上实现国民道德的建设。这一思路，是过于理想化、不切实际、难以行得通的。但又是以佛教为本位，思考现代社会伦理建设，参与这一过程的有效尝试，其中也蕴含许多有益的理论创新。

人间净土的追求也通过利乐有情、服务社会的大乘菩萨行，化为要求转社会之染为净的行动，化为在人间重建合理的道德秩序的努力。太虚法师身体力行，推动佛教教育、文化与慈善事业服务社会。这三项事业也成为海峡两岸推行人间佛教的教团服务社会与社会互动的佛教事业的主体。这些集中体现了现代市民所需的社会服务、社会关怀。

## 第二节　太虚人间佛教伦理建构的焦点

从伦理角度来看，批判厌世送死的旧佛教、还原佛教发达人生的真相、关照现实人生的人间佛教就是对佛教本具的伦理精神的重建，也是佛教伦理的现代转型。太虚人间佛教继承与彰显佛教伦理精神，并契应时代生发出新的元素，实现佛教伦理现代开创，奠定了佛教伦理现代化的基本方向，初步实现了现代佛教伦理建构。在这一过程中，佛教理性化与佛教信仰关系、佛教入世与出世关系成为太虚人间佛教伦理建构的焦点所在。

## 一、理性与信仰的矛盾

近代以来，注重现实经验、理性至上的文化思潮日渐成为主流，佛教被批判为厌世的、迷信的而身陷困境。佛教只有对此作出有效回应，推进佛教伦理化、理性化，才能适应时代而存在与发达。佛教以缘起论反对印度教神创论，以了悟世间实相、灭除无明烦恼而成就涅槃，既是宗教信仰但又具有理性思辨的特质。太虚立足佛教立场，彰显佛教理性思辨特质，会通现代哲学，推进佛教理性化。太虚法师认为佛教不是迷信而是智信。法师以佛法为至理融摄、会通现代的各种思潮，回应现代哲学所提出、所面对的一系列问题，如宇宙本体论、道德观、人生观、社会观等。另一方面，他也回应现代思潮，从理性视角诠释佛法，认为如佛菩萨、人间净土等都是可以实证的、实有的，三界六道轮回也是心智修证到一定程度可以见到的事实等。

法师以现代学术语言界说佛法，并融摄现代思潮吸收新的元素，建立适应时潮特别是理性文化的佛教信仰，去除佛教不合时宜的、迷信的内容，清扫人们对佛教的偏见，建立佛法在现代社会的合理性，但法师又是坚守佛教立场，以佛教信仰为本位的。他指出佛教不是单纯的理论研究，而是以信为起点，以实修实行为根本，以实证佛果、成就人间净土为目的。认为如果仅将佛教认作哲学研究以满足求知欲，就背离了佛陀说法的本怀。他始终坚持对佛法、佛教修证的神秘体验、佛菩萨净土的超越境界的信仰。但是，回应现代理性文化的逼迫，太虚确实又重视佛教学理化研究，重视佛教与哲学会通，重视佛教在世俗社会的影响，而在佛教修行实践方面相对薄弱，这也是他遭受正统佛教徒质疑、攻击的一个方面。

法师在会通佛法与哲学等世俗文化方面不遗余力，他认同理性认识及其对事实的揭秘，又以佛教理性为最圆满来兼容有局限的理性，但二者实际具有本质区别。佛法的证悟本质上还是圆融思想与直觉思维，圆融境界的表达方式往往是非言说的、直观而非逻辑思辨的，获得方式是靠主体体悟而非客观证成的。在太虚会通佛法理性与现代理性的模式中，悟性语言与知性语言、经验语言与体验性语言存在必然对立；佛法实相也是完全不同于具体现实世间的，而是建立在信仰与证悟基础上，既非世间又不离世间，既有既无非有非无的神秘境界。他是以佛法为本位的，仍是站在佛教理性立场会通甚至超越西方现代理性，没有从根本上触及佛教理性与现代理性的冲突，二者始终存在这种逻辑紧张性。佛教理性与现代理性的本质区别也制约着这一调适理路，使其具有不可避免的逻辑矛盾、紧张关系。用现代理性方式诠释佛法也隐含着消解佛教信仰的危险，如佛法的亲修实证从根本上不同于现代理性的实证，用现代实证方式证明佛菩萨、净土、佛教修行神秘体验是不可行的，甚至会消解它的存在，理性去魅的同时很多传统的东西被当做迷信抛弃，正统佛教徒也认为这使佛教偏离了正规，变得不再是佛教了。太虚之后，印顺坚守佛陀本怀、佛教基本精神的同时以文献考证、历史考证等梳理佛教教史教理，以佛法研究佛法，理性考量佛教经典的真实性，以现代诠释学方法还原经典原意，建构起佛教圣典诠释的理性方法和范式，深化发展了佛教的理性化。印顺以佛教信仰为本位摄受理性主义，其思想较之太虚更能够接受住现代知识标准的考量，摄受现代心灵。但印顺在佛教理性化建构同时，去魅佛教信仰甚至否定了某些传统佛教义理、佛教信仰，也遭遇了困境。

佛教现代化某种程度上就是佛教理性化、伦理化，佛教理性化与佛教信仰的关系可以说是人间佛教伦理建构、佛教现代化的焦点之一，也是发展困境之一。佛教理性化，应以理性剔除迷信，修证、发展佛教信仰，但在这一过程中，又要看到佛教本质上仍是宗教，以信仰为根本，从根本上与理性不同，要坚守佛法信仰特质，理性与信仰保持一定的张力、平衡，相对独立，各自归位。

## 二、入世与出世的矛盾

佛教传入中国，与中国本土文化冲突与融合，成为中国传统文化的有机构成部分。中国传统文化、传统伦理建构模式，是以儒家为主，以佛道为辅的，佛教主要发挥神道设教及以出世方式平衡世俗生活的作用。佛教被定位于专务出世，最终导致了既不契理又不契机、脱离现实、漠视世间、畸重出世间错误倾向的漫延以至成为主流。佛教堕落为远离人生、远离社会的鬼神的、重死的佛教，人间性的一面被遮蔽了，背离佛教即世间出世间中道传统。人间佛教，在现代理性主导、以人为中心背景下，深刻批判旧佛教消极厌世、鬼神迷信化，倡导佛教人生化、人间化是对这一偏离的矫正。同时人间佛教自身也包含世间与出世间的合一、对佛教中道的坚持。它将成人与成佛、人间改善与净土的实现合一，将净土落实在对人间社会实实在在的改造净化。其重心是以佛法塑造引领世法，破解现实困境，在实现人类愿望建设美好社会的过程中建设人间净土。

佛教虽有即世出世的中道传统，但作为其最高追求的涅槃境界始终是出离生死轮回，究竟离苦得乐，圆满成就无上遍正觉者。涅槃是无法言说，不能用世俗方式而只能证悟，根本不同于世俗的超越境界。不同于以往佛教，太虚所追求的佛果境界是超越性与世俗性同在的，超越性根本不同于世俗性，但又是它的扩充、完成。一方面，以人生世间为中心，人成佛成。佛不是神仙圣贤，而是彻悟万有真相，是人的完成。另一方面，佛果是由凡夫学菩萨作佛、三无数劫、五十五位历程，而终至成就的性圆满遍觉无漏清净的超越境界，由大菩萨积功累德、福慧圆满，乃证尽善尽美正等正觉的佛果。一方面，坚持净土对应于五浊恶世，具有不同于世俗的超越性，并且以佛教信解行证为根本达成路径。另一方面以实证方式来去除佛土的神秘，说明佛土实有，认为可通过实实在在的建设在人间实现，把佛土看成人类社会改造的完成。虽然太虚法师坚持信仰本位，即世间出世间的中道传统，人间佛教理论中确实也包含着内在逻辑矛盾，他的表述与行动也往往因引发歧义或隐含危险遭受质疑。

梁漱溟认为出世倾向为宗教的本来面目，佛教真精神是超越出世追求，因此太虚人间佛教提法是不可行的，这种改造将使佛教变得不再是佛教。印光等强调出世本质、超越追求为佛教信仰特质，担心、质疑太虚人成佛成、佛化世界的主张，以世俗理性文化去魅佛教的思路会导致佛教俗化，消解佛教信仰根基。印顺从根本上继承与发展了太虚“仰止唯佛陀，完成在人格，人成即佛成，是名真现实”的理路。太虚一方面认为佛就是人格的增上完成，另一方面又坚守佛菩萨不同于俗世的超越性，坚守中国佛教去妄求真、转识成智、恢复本性成就正觉的如来藏本觉传统、真俗二谛的圆融传统。不同于太虚，印顺以人性说佛性，认为佛就是人性净化完善，佛就是人本性的完善，是修行圆满的人，而且成佛后仍旧是一个人而不是天神，只不过是彰显出了人性之中的佛性而有了超常智慧与解脱了烦恼而已。印顺将佛菩萨完全人本化，确实在去除鬼神化，进一步去除天神化，从理论上完全确立佛法在人间。但其理论某种程度上存在与传统佛教教义的不相洽，也遭遇发展困境，比如他对佛菩萨三身说、十方无量佛说等大乘佛观的否定，知识界容易接受但是民间信仰、僧众修行层面是难以接受的。

佛教入世与出世的关系可以说是人间佛教伦理建构、佛教现代化的焦点之一，也是发展困境之一。在当前人间佛教发展过程中，同样也要处理好世间与出世间的关系，坚守中道。

## 第三节 对于当代佛教的启示作用

在社会现代转型、社会剧烈动荡困境下，太虚以敏锐的眼光、高远的思想，将佛教变革与当时中国社会的现代转型及世界全球化发展结合，从佛教立场对信仰重建、道德重建、普世伦理建构等重大问题都自觉关注，智慧解答。他试图恢复佛教本真，顺应时代建立正信正行的人间佛教，并试图使佛教以积极建构者的身份参与到社会伦理道德的重建、世界文化及普世伦理建设。太虚所倡导的人间佛教实质就是佛教现代化，它也奠定了佛教现代化的基本方向：从佛教中心，融摄、会通现代思潮，建设新佛教，以佛教作为中国固有文化重要一支积极参与中国文化、道德的现代转型、重建，参与世界文化、普世伦理建设，重新焕发佛教活力。以佛教立场去思考一切公共社会问题，尤其是伦理道德问题。他独到、智慧的思考虽以佛教信仰为本位，且具有不切实际的成分，但对当代佛教伦理建设等仍具有重要意义。

首先，他自觉关注与思考中国现代转型过程中的文化、道德重建问题。

他认为在中国社会现代转型过程中，传统文化解体，道德失范，应立足自身的本土文化会通、吸收现代文化要素重建中国新文化。他认为佛教既是中国传统文化又最合于现代文化思潮，试图以佛法重建文化重心。他认为重建现代道德，培养现代国民是建设现代国家的根基，而道德形而上学标准又是道德重建之本。他试图以佛法唯识因果相续与缘生互伴为根本标准塑造俭朴、勤劳、诚信、为公的现代国民，为现代化经济、文化建设树立根基，进而使中国步入现代强国，实现自救。同时他顺应世俗社会，摄受现代思想重新解读佛法人生观、道德观、社会观。太虚法师这种构想渗透着中国传统神道设教、救世救心模式的影子，但翻转了佛教被动顺世的传统而以积极建构者身份参与社会伦理道德、文化信仰建设。

在政教分离的当下社会，在伦理建设去魅时代、多元时代，法师以佛教信仰实现人间净土的救世理想与构建模式具有很多空想成分，是不切实际的。而他所关照的传统文化的现代转型、现代道德重建、道德标准的确立、建设怎样的国民道德及如何建设、佛教应如何应对和参与这一过程等问题对于当代佛教伦理建设等确实也具有重大启示作用。

其次，他自觉关注与思考全球化背景下的世界文化、普世伦理建构问题。

他认为在全球化、现代化的背景下，建设世界文化成为必然，中国文化尤其佛教文化应积极应对与参与这一过程。他认为应以中国道德文化特别是佛教文化补救近代西方理性至上、纵我制物的文化，建设世界新文化、新道德，自利利他、慈悲方便，从而从根本上改变世界人与人、国与国之间的纷争、危机，实现世界永久和平安乐，实现人间净土。

法师认为改变纵我制物西方文化的主导地位，建设世界文化、及合理规则为应对世界危机、保持世界和谐共存的根本，应以各种文化取长补短，融合共构世界文化、普世伦理。同时他又是从佛教立场，认为中国文化特别是佛教文化最圆满，应以之融摄西方文化，引领世界文化、普世伦理建构。

# 参考文献

## （一）专著

1. 太虚大师全集 . 印顺文教基金会编 . 中华佛典宝库 .2008 年 2 月 .

2.《龙藏》第 29 册 .

3. 吕澂 . 中国佛学源流略讲［M］. 北京 . 中华书局 .1979.

4.［德］马克思・韦伯著 . 于晓、陈维纲等译 . 新教伦理与资本主义精神［M］. 北京 . 三联出版社 .1987.

5. 任继愈主编 . 中国佛教史［M］. 北京 . 中国社会科学出版社 .1988.

6. 郭朋 . 中国近代佛学思想史稿［M］. 成都 . 巴蜀书社 .1989.

7. 樊浩 . 中国伦理精神的历史建构［M］. 南京 . 江苏人民出版社 .1992.

8. 邓子美 . 传统佛教与中国近代化［M］. 上海 . 华东师范大学出版社 .1994.

9. 江灿腾 . 明清民国佛教思想史论［M］. 北京 . 中国社会科学出版社 .1996.

10. 高瑞泉主编 . 中国近代社会思潮［M］. 上海 . 华东师范大学出版社 .1996.

11. 郭朋 . 太虚思想研究［M］. 北京 . 中国社会科学出版社 .1997.

12. 赖永海 . 中国佛性论［M］. 北京 . 中国青年出版社 .1999.

13. 赖永海 . 中国佛教文化论［M］. 北京 . 中国青年出版社 .1999.

14. 王月清 . 中国佛教伦理研究［M］. 江苏 . 南京大学出版社 .1999.

15. 董群 . 融合的佛教——圭峰宗密的佛学思想研究［M］. 北京 . 宗教文化出版社 .2000.

16. 李明友 . 太虚及其人间佛教［M］. 杭州 . 浙江人民出版社 .2000.

17. 麻天祥 .20 世纪中国佛学问题［M］. 长沙 . 湖南教育出版社 .2001.

18. 董群 . 慧能与中国文化［M］. 贵州 . 贵州人民出版社 .2001.

19.［古希腊］亚里士多德著 . 苗力田译 . 尼各马克伦理学［M］. 北京 . 中国人民大学出版社 .2003.

20. 罗同兵 . 太虚对中国佛教现代化道路的抉择［M］. 成都 . 巴蜀书社 .2003.

21. 楼宇烈 . 中国佛教与人文精神［M］. 北京 . 宗教文化出

版社 .2003.

22. 霍韬晦 . 现代佛学［M］. 北京 . 中国社会科学出版社 .2003.

23. 余树民编 . 赵朴初文稿［M］. 安徽省太湖县安赵朴初资料征集委员会 . 2003.

24. 李广良 . 心识的力量——太虚唯识学思想研究［M］. 上海 . 华东师范大学出版社 .2004.

25.［英］哈玛拉瓦・萨达提沙著 . 姚治华、王晓红译 . 佛教伦理学［M］. 上海 . 上海译文出版社 .2005.

26. 吕大吉 牟中鉴 . 中国宗教与中国文化第一卷［M］. 北京 . 中国社会科学出版社 .2005.

27. 余敦康 . 中国宗教与中国文化第二卷［M］. 北京 . 中国社会科学出版社 .2005.

28. 高兆明 . 伦理学理论与方法［M］. 北京 . 人民出版社 .2005.

29. 李向平 . 中国当代宗教的社会学诠释［M］. 上海 . 上海人民出版社 .2006.

30. 李向平 . 信仰、革命与权力秩序: 中国宗教社会学研究［M］. 上海 . 上海人民出版社 .2006.

31. 方立天 . 佛教哲学［M］. 长春 . 长春出版社 .2006.

32. 唐忠毛 . 佛教本觉思想论争的现代性考查［M］. 上海 . 上海古籍出版社 .2006.

33. 路易斯・P. 波伊曼著 . 黄瑞成译 . 宗教哲学［M］. 北京 . 中国人民大学出版社 .2006.

34. 赖永海 . 佛典辑要［M］. 北京 . 中国人民大学出版社 .2007.

35. 董群 . 佛教伦理与中国禅学［M］. 北京 . 宗教文化出版社 .2007.

36. 李向平 . 佛教信仰与社会变迁［M］. 北京 . 宗教文化出版社 .2007.

37.［英］霍姆斯·维慈著 . 王雷泉 包胜勇 林倩等译 . 中国佛教的复兴［M］. 上海 . 上海古籍出版社 .2007.

38.［英］休谟 . 道德原则研究［M］. 北京 . 商务印书馆 .2007.

39. 杨庆堃著 . 范丽珠译 . 中国社会中的宗教——宗教的现代社会功能与其历史因素之研究［M］. 上海 . 上海人民出版社 .2007.

40. 董群 . 原人论全译［M］. 成都 . 巴蜀书社 .2008.

41. 黄忏华 . 中国佛教史［M］. 北京 . 东方出版社 .2008.

42.［英］亨利·西季威克著 . 熊敏译 . 陈虎平校 . 伦理学史纲［M］. 南京 . 江苏人民出版社 .2008.

43. 张志刚 . 宗教哲学研究（增订版）［M］. 北京 . 中国人民大学出版社 .2009.

44. 万俊人 . 寻求普世伦理［M］. 北京 . 北京大学出版社 .2009.

45. 释印顺 . 佛在人间［M］. 北京 . 中华书局 .2010.

46. 何绵山 . 台湾佛教［M］. 北京 . 九州出版社 .2010.

47. 杨明 . 宗教与伦理 . 南京 . 译林出版社 .2010.

48. 王萌 . 佛教与科学—— 从融摄到对话［M］. 北京 . 中国社会科学出版社 .2010.

49. 释印顺 . 太虚大师年谱［M］. 北京 . 中华书局 .2011.

50. 释印顺 . 华雨集［M］. 北京 . 中华书局 .2011.

51. 赵朴初 . 佛教常识答问［M］. 中国佛教协会印行本 .

## （二）论文

1. 楼宇烈 . 近代中国佛学特点及其评价［J］. 文史哲 .1986.1.

2. 王月清 . 论中国佛教伦理化的契机 . 江苏社会科学［J］.1991.1.

3. 净慧 . 当代僧伽的职志［J］. 法音 .1992.1.

4. 方立天 . 中国佛教伦理思想论纲［J］. 中国社会科学 .1996.2.

5. 方立天 . 佛教伦理中国化的方式与特色［J］. 哲学研究 .1996.6.

6. 济群 . 戒律的现代意义［J］. 法音 .1996.11.

7. 李向平 . 人间佛教的现代转换及其意义［J］. 世界宗教研究 .1997.1.

8. 印顺 . 人间佛教要略［J］. 法音 .1997.4.

9. 董群 . 佛教戒律的伦理诠释［J］. 东南大学学报（社会科学版）.1999 年 8 月第 1 卷第 3 期 .

10. 净因三位一体的戒律［J］. 法音 .1999.11.

11. 吾淳 . 试论佛教伦理的种种困境［J］. 上海师范大学学报（哲学社会科学版）.2001 年 3 月第 30 卷第 2 期 .

12. 姚卫群 . 佛教的“轮回”观念［J］. 宗教学研究 .2002.3.

13. 董群 . 简论中国佛教伦理对国民伦理精神的积极意义［J］. 南京工业大学学报（社会科学版）.2002.4.

14. 王月清 . 论中国佛教伦理思想及其现代意义 [ J ] . 南京大学学报 .2002.5.

15. 程恭让 . 从太虚与梁漱溟的一场争辩看人生佛教的理论难题 [ J ] . 哲学研究 .2002.5.

16. 方立天 . 中国佛教伦理的现代社会意义[ J ]. 佛学研究 .2003 年 00 期 .

17. 方立天 . 论中国佛教伦理的理论基础 [ J ] . 伦理学研究 .2003.1.

18. 济群 . 法师佛教的财富观 [ J ] . 佛教文化 .2003.1.

19. 赖永海 . 缘起论是佛法的理论基石 [ J ] . 社会科学战线 .2003.5.

20. 杨孝容 . 略论佛教女性观及其与社会历史的共相嬗变[ J ]. 求索 .2003.6.

21. 杨孝容 . 契理当机的“今菩萨行”理念及实践——太虚大师与抗战时期的重庆佛教 [ J ] . 宗教学研究 .2004.1.

22. 单正齐 . 佛教涅槃思想之演变[ J ]. 青海社会科学 .2004.01.

23. 单正齐 . 起信论与唯识学的会通——太虚法师《起信论唯识释》思想研究 [ J ] . 宗教学研究 .2004.2.

24. 姚卫群 . 佛教与基督教的“神”观念比较 [ J ] . 陕西师范大学学报（哲学社会科学版）.2004 年 3 月第 33 卷第 2 期 .

25. 方立天 . 中国佛教慈悲理念的特质及其现代意义 [ J ] . 文史哲 .2004.4.

26. 黄夏年 . 印顺的人间佛教思想 [ J ] . 佛学研究 .2005 年 .

27. 董群 . 净土经的伦理思想研究 [ J ] . 东南大学学报（哲

学社会科学版）.2005 年 5 月第 7 卷第 3 期 .

28. 姚卫群 . 佛教中的“性空”与“识有”观念［J］. 杭州师范学院学报 .2005.5.

29. 宣方 . 作为方法的印顺：问题意识、诠释效应及其它［J］. 当代 . 第 215 期 .2005 年 7 月 1 日出版 .

30. 董群 . 宗教道德哲学的基本原则哲学研究［J］.2005.11.

31. 董群 . 缘起论对于佛教道德哲学的基础意义［J］. 道德与文明 .2006.1.

32. 李利安 . 观音信仰的中国化［J］. 山东大学学报（哲学社会科学版）.2006.4.

33. 姚卫群 . 佛教与婆罗门教的善恶观念比较［J］. 宗教学研究 .2006.4.

34. 周贵华 . 释印顺“人间佛教”思想之特质评析［J］. 哲学研究 .2006.11.

35. 黄夏年 . 近代中国佛教教育［J］. 法音 .2007.4 .

36. 杨孝容 . 护国即是护教救人即是自救——从慈云寺僧侣救护队看宗教与现实社会的契合［J］. 世界宗教文化 .2007.4.

37. 董群 . 佛教轮回观的道德形上学意义［J］. 东南大学学报（哲学社会科学版）.2007 年 11 月第 9 卷第 6 期 .

38. 董群 . 直依人生增进成佛——太虚人生佛教的伦理观［J］. 中国宗教 .2008.3 .

39. 姚卫群 . 佛教与婆罗门教的修行理论比较［J］. 南亚研究 .2009.4.

40.［新加坡］古正美 . 中国早期《菩萨戒经》的性质及内容 . 南

京大学学报（哲学．人文科学．社会科学）.2010.4.

41. 王月清 刘丹 . 中国佛教慈善的现状与未来［J］. 江海学刊 .2010.5.

42. 姚卫群 . 佛教中有关“神”的基本观念［J］. 温州大学学报（哲学社会科学版）.2010 年 9 月第 23 卷第 5 期 .

43. 黄夏年 . 太虚与圆瑛的兄弟情谊［J］. 法音 .2011.1.

44. 董群 . 论中国佛教参与“文明对话”的实践模式［J］. 社会科学战线 .2011.2.

45. 董群 . 作为禅宗伦理经典的《坛经》［J］. 江苏行政学院学报 .2011.6.

46. 方立天 . 慈善是佛教的本质属性和本质要求［J］. 法音 .2011.11.

47. 姚卫群 . 奥义书中的“解脱”与佛教的“涅槃”［J］. 华东师大学报 .2012.1.

48. 姚卫群 . 佛教与婆罗门教“苦”的理论比较［J］. 杭州师范大学学报（社会科学版）.2012 年 5 月第 3 期 .

49. 李思凡 徐弢 . 印顺对菩萨观念的源流考 . 云梦学刊 .2012 年 3 月第 33 卷第 2 期 .

50. 太虚大师的教导与当今佛学院教育——惟贤长老生前对重庆佛学院师生的最后开示［J］. 法音 .2013.3.

51. 黄夏年 . 中国佛学会筹备处的成立［J］. 中国文化 . 第 32 期 .

52. 葛兆光 . 关于近十年中国近代佛教研究著作的一个评论［J/OL］.

# 后 记

本书是在我的博士学位论文基础上修改而成的，出版在即，内心也是颇多感慨。

曾经，我对佛教了无所知，甚至以之为愚昧、迷信。大学期间，惊奇地发现佛理对中国文化的影响。后我有幸考取了南京大学赖永海教授的研究生。南大的生活虽然短暂，却给我留下念念不忘的美好回忆，导师赖永海教授以及洪修平教授、孙亦平教授、王月青教授、张建军教授……都是我人生路上、求学路上所遇到的导师，对他们我永远心存感激。在这里，我接受了宗教学、佛学与中国文化的系统学习，也初步确立自己的研究方向——近现代佛教。其后，我有幸求学于董群教授门下，继续近现代佛教伦理研究。一路走来，感觉自己是幸运的。今后，不奢望自己在佛教研究上有多少建树，但求通过自己的努力，能让更多的人能真正了解佛教——这一中国传统文化的重要组成部分。

孙永艳

2023 年 12 月 15 日